Du kannst nicht immer 60 sein

Ilja Richter

Ilja
Richter

DU KANNST NICHT IMMER 60 SEIN
Mit einem Lächeln älter werden

Bibliografische Information der Deutschen Nationalbibliothek:
Die Deutsche Nationalbibliothek verzeichnet diese Publikation in der Deutschen Nationalbibliografie;
detaillierte bibliografische Daten sind im Internet über http://d-nb.de abrufbar.

Für Fragen und Anregungen:
ilja.richter@rivaverlag.de

1. Auflage 2013

© 2013 by riva Verlag, ein Imprint der Münchner Verlagsgruppe GmbH,
Nymphenburger Straße 86
D-80636 München
Tel.: 089 651285-0
Fax: 089 652096

Alle Rechte, insbesondere das Recht der Vervielfältigung und Verbreitung sowie der Übersetzung, vorbehalten. Kein Teil des Werkes darf in irgendeiner Form (durch Fotokopie, Mikrofilm oder ein anderes Verfahren) ohne schriftliche Genehmigung des Verlages reproduziert oder unter Verwendung elektronischer Systeme gespeichert, verarbeitet, vervielfältigt oder verbreitet werden.

Umschlaggestaltung: Pamela Günther, München
Umschlagabbildung: © DERDEHMEL
Satz: Georg Stadler, München
Druck: GGP Media GmbH, Pößneck
Printed in Germany

ISBN Print 978-3-86883-294-5
ISBN E-Book (PDF) 978-3-86413-319-0
ISBN E-Book (EPUB, Mobi) 978-3-86413-320-6

—Weitere Infos zum Thema—
www.rivaverlag.de
Gerne übersenden wir Ihnen unser aktuelles Verlagsprogramm.

Für Peter Nagel

»Alternde Goldfische können ausbleichen.«

(aus einem Ratgeber für Aquaristik)

Vorwort

Viele fragen mich, ob ich die Siebzigerjahre zurückhaben möchte. »Wieso zurück?«, frage ich Sie. Für mich fangen sie doch erst an. In knapp zehn Jahren. Unausweichlich kommen sie auf mich zu, die Siebziger.

Als ich dieses Buch zu schreiben begann, ging ich auf die sechzig zu. Mittlerweile bin ich darüber weg – ich meine, über die sechzig. Und meine anfängliche Irritation darüber, dass um die sechzig herum kräftig gestorben wird, lässt mich nicht erzittern.

»Angst ist keine Weltanschauung«, pflegte mein Vater zu sagen. Und ich sage: Wenn man in dieser Bundesrepublik mit zweiundsiebzig Jahren Bundespräsident werden kann und dann auch noch dazu mit seiner zwanzig Jahre jüngeren Lebenspartnerin in wilder Ehe andere Länder bereist, und das auch noch in unserem Namen, bin ich durchaus guter Hoffnung.

Ärgerlich nur, wenn unser Präsident vor dem Erscheinen meines Buches heiraten sollte. Er wird doch keine Dummheiten machen! – Unterschätzen Sie nicht das Drängen der protestantischen Kirche und eine drängelnde Frau! Damit wäre mein Vorwort im Eimer. Schreiben ist immer ein Risiko. Heiraten auch.

Dem Druck einer DDR standgehalten zu haben, ist das eine – aber wenn eine Frau Dampf macht ...

Vielleicht bin ich da einfach zu stark vom Schicksal meiner alten Eltern geprägt. Mein Vater hatte in der NS-Zeit neuneinhalb Jahre Zuchthaus und KZ als Widerstandskämpfer überstanden. Meiner Mutter widerstand er nicht. 1945 heiratete er als kommunistischer Bürgermeister von Reinickendorf gegen den Willen der Partei die nichtkommunistische Jüdin aus kleinbürgerlichem Milieu. Auf der Heiratsurkunde steht ihr Mädchenname riesengroß, darunter seiner – ganz klein. So war auch die Ehe. Der Mann hatte Verrat, Folter, Mord und Totschlag überlebt, unsere Mutter überlebte er nicht. Er wurde dreiundsiebzig, sie sechsundachtzig. Mehrmals packte er die Koffer, kam aber immer wieder zurück.

»Du kannst nicht immer 60 sein, Liebling, das kannst du nicht. Aber das Leben wird dir noch geben, was es mit 16 dir … versprach« – jetzt hätte das Wort *»verspricht«* folgen müssen, damit sich der Refrain, wie es sich für einen anständigen deutschen Schlager gehört, am Ende auch reimt.

Ich bitte um Nachsicht: was mir das Leben mit sechzehn versprach, war einfach nicht zu halten, und was es mir mit sechzig verspricht, erscheint mir durchaus reizvoll, wenn auch ungewiss. Schrieb ich doch dieses Buch im neunundfünfzigsten Lebensjahr; und da konnte ich ja noch nicht wissen, ob ich das Erscheinen dieser heiteren Kampfschrift gegen die unvermeidliche Endlichkeit überhaupt noch erleben würde.

Zu diesem Zeitpunkt fielen um mich herum prominente Altersgenossen um wie die Fliegen. (Darunter ein krebskranker Bee Gee und der Lieblingstrommler von David Bowie.) Aber was soll's: »Fliegen – das ewige Abenteuer!« Nein, ich habe durchaus keinen an der Klatsche, wie es im Berliner Volksmund über geistig nicht ganz dichte Menschen heißt. Ich bin einfach nur ein Zweckoptimist. Für einen Vollblutoptimisten habe ich nicht die nötige Naivität, und den klassischen Pessimismus großer alter Toter wie Thomas Bernhard und Thomas Mann – Handke lebt noch – und hundert soll er werden! – kann ich mir einfach nicht leisten.

Ich bin später Vater eines frühreifen Sohnes. Kolja heißt er. Damit möchte ich wieder auf die leicht veränderte Schlagerzeile zurückkommen, die da lautet, dass man nicht immer sechzig sein kann.

»Einmal, da wirst du 70 sein, dann bin ich noch bei dir, denn du wirst immer, immer geliebt von mir.«

Nun ja, wenn mein Sohn siebzig ist, also in sechzig Jahren, wäre ich schlappe hundertneunzehn und hätte Johannes Heesters damit um knackige dreizehn Jahre überholt. Dabei wäre ich schon froh, wenn ich erleben dürfte, dass Kolja sein Abitur macht. Ich hab keins.

So begleite ich also als später Vater meinen lesehungrigen Sohn ein Stück seines Weges. Den Lesehunger hat er von mir. Der Wissensdurst eines Autodidakten ist oft größer und leidenschaftlicher als der von Akademikern und solchen, die es werden wollen. Allerdings werde ich versuchen, dieses Buch hier vor meinem Sohn zu verstecken. Aber was mache ich, wenn es ein Erfolg wird? Nicht auszudenken. Mein Sohn kauft sich das glatt. Er soll aber nicht darüber nachdenken, zumindest jetzt nicht, worüber nachzudenken mir überlebensnotwendig erscheint – in meinem Alter. Über die ewige Frage: wie lange noch?

Ich schaue auf meine Lebenszeituhr und kann sie nicht entziffern.

Die Lebensuhr

Ich kann meine Lebensuhr
nicht entziffern.
Wo hält für mich das letzte Schiff an?
Es wäre beruhigend,
auszupegeln,
wo es mich abholt, um davonzusegeln
das verdammte
Narrenschiff.

Mit acht Segeln
und (mindestens) fünfzig Stimmungs-
Kanonen ...

Sind die alle noch an Bord oder alle längst weit fort, die einst umworbenen, erschlagenen oder ganz normal verstorbenen Komiker?! Kommen sie ins Paradies? Ich meine: Komiker sind bestimmt im Jenseits nicht so abgesichert wie Symphoniker. Komiker, ob sie nun Stoiker oder Ironiker... Müssen die üben drüben? Oder geht es jenen hier wie dort so mies?

Ernste Menschen – dürfen sie da oben gleich mit Jesus lönschen oder geht es wirklich paritätisch zu im Paradies? Komiker ...

Dazu passt jetzt vielleicht ganz gut ein Witz, den mir George Tabori eines Nachts in einem Wiener Lokal erzählt hat:
Buddha und Jesus sitzen im himmlischen Caféhaus. Sie diskutieren darüber, welche Religion die bessere sei. Auf dem Höhepunkt des Streits sagt Jesus zu Buddha: »Ruf Mohammed!« Buddha sagt: »Nein.« Jesus wiederholt, schon leicht genervt: »Ruf Mohammed!« Buddha bleibt bei seinem »Nein«; worauf Jesus seine Stimme er-

hebt und durch das Caféhaus brüllt: »Buddha, ruf Mohammed!« Buddha gibt nun endlich nach und ruft in aller Freundlichkeit: »Mohammed!« Dieser erscheint schlurfend und mit Schürze, worauf sich Jesus kurz zu ihm wendet und sagt: »Mohammed, noch zwei Kaffee!«

»60 Jahre und kein bisschen weise«

So sang Curd Jürgens 1975 und dass er zwar »auf dem Weg zum Greise« sei, aber dennoch »60 Jahr davon entfernt«.

Sieben Jahre später war er tot.

Weisheit zu erlangen, ist halt eben leider nicht immer eine Frage des Willens und Wollens, sondern auch eine Frage der Zeit und dessen, was das Schicksal mit uns will oder wollte.

Eine liebe Freundin von mir beschrieb einmal die Sterbeszene ihres Großvaters. In seinem kleinen schwäbischen Dorf wurde er hoch geschätzt für seine weisen Entscheidungen als Bürgermeister; nun lag er im Sterben, winkte noch einmal seine treue Frau ganz nah zu sich heran und flüsterte ihr mit letzter Kraft ins Ohr: »Die mid de rode Hoor hätt i nehme solle …« – und starb. Seine Frau war blond.

Vielleicht war das ja der ehrlichste Moment in seinem nun endenden Leben, aber war es auch sein weisester? »Die Stunde, da wir nichts voneinander wussten« muss nicht unbedingt die unschuldigste gewesen sein.

Mancher ist sechzig Jahre und ein bisschen weißer, darum aber nicht unbedingt klüger oder gar weiser. Schon gar nicht gütiger. Noch heute, gütiger Himmel, ziehe ich Nestroys rothaarigen Titus Feuerfuchs mit seinen ganzen menschlichen Irrtümern, durch eine Perücke endlich ein besonderer Mensch zu sein, besonders gesetzten silberhaarigen Idioten vor. Wobei ich mich als alter Großstadtkindskopf immer öfter dabei ertappe, den ganz natürlichen Respekt vor dem Alter – wie es ihn im Dorf und in der Kleinstadt noch hier und da gibt – zu vermissen. Gewiss gibt es den falschen Respekt, es gibt aber auch den richtigen, ehrlichen. Wahrscheinlich aber hat es ihn in Metropolen wie Berlin auch früher nicht gegeben. Höchstens so eine Art Minimum von Mindestrespekt.

Berlin hat ja sowieso nie versprochen, charmant zu sein, aber burschikos beherzt. Respektlos vor Autoritäten, aber durchaus respektvoll vor dem alten Muttchen. Vielleicht habe ich ja einerseits einfach zu viele alte Filme gesehen. Andererseits: Aus welchem Grund sollte vorbildliches Benehmen, wenn es selbst im Bundestag nur noch selten zu registrieren ist, in S- und U-Bahnen veranstaltet werden? Keiner steht auf – und alle stehn dazu.

Dazu eine kleine Begebenheit.

Als Ex-Finanzminister Theo Waigel auf einem Linienflug nach München zufälligerweise mal mein Mitpassagier war, brachte er darüber große Freude zum Ausdruck.

»Sie wollte ich ja schon immer mal kennen lernen«, sagte er, und ich nahm das Kompliment gern an; schon allein deshalb, um bei diesem Politiker etwas völlig Überparteiliches loszuwerden. Ich sagte zu ihm: »Lieber Herr Waigel, ich habe ihre Partei zwar nie gewählt, die PDS aber auch nicht. Ich habe aber mal als TV-Zuschauer mit ansehen müssen, wie Stefan Heym die erste Bundestagssitzung nach der Sommerpause eröffnete.

»Ich erinnere mich«, sagte Waigel. »Auch daran«, fragte ich zurück, »wie Sie alle von der CDU/CSU vor dem alten Mann nicht aufgestanden sind? Ich glaube, damals war der alte Herr einundachtzig!« Waigel nickte wiederum freundlich und wartete ab. »Ist es nicht so, lieber Herr Waigel, dass laut Statut der dienstälteste Abgeordnete im Bundestag – welcher Partei er auch angehören mag – das Privileg besitzt, die Sitzung zu eröffnen? Als Alterspräsident? So haben es unsere Verfassungsväter festgelegt.« Wieder nickte Waigel, zog die wiedervereinigten Augenbrauen hoch und grinste: »Ich weiß, lieber Herr Richter, aber wissen Sie, der Herr Heym hatte uns einfach zu viel geärgert.«

So stelle ich mir die Neuverfilmung der »Feuerzangenbowle« vor. Mit dem alten Theo als ewigem Lausbub.

Apropos Höflichkeit: Kürzlich stand zum ersten Mal in meinem Leben eine junge Dame für mich in der U-Bahn auf und bot mir ihren Platz an. Unglückstag. Kurz vor dem Frühstück hatte ich bereits den erschütternden Bescheid über meinen voraussichtlichen Rentenbetrag gelesen und nun das!

Aber was ist Geld gegen die junge Dame, die es mit mir in der U-Bahn so gut gemeint hatte.

Da sieht man's mal wieder: sechzig Jahre und kein bisschen weise. »Du kannst nicht immer siebzehn sein« – ich weiß, aber vor siebzehn Jahren hätte ich mit demselben jungen Geschöpf vielleicht sogar noch mehr als nur geflirtet. Nein, natürlich nicht; ich hatte, und das alles ohne Taschenrechner, mal den Altersunterschied zwischen uns beiden errechnet und schluckte im nächsten Moment ob meiner Eitelkeit. Die junge Frau wäre zu diesem Zeitpunkt vielleicht gerade so um die siebzehn gewesen. Andererseits: siebzehn Jahr, blondes Haar? Klarer Fall für Udo Jürgens – damals. Und heute? Der Junge geht ja mittlerweile auf die achtzig zu – hundert soll er werden! Heutzutage möchte ich ihm nicht auf den Zahn fühlen. Was weiß denn ich über den Gefühlszustand eines Weisheitszahns? Geschweige denn von dem eines singenden Casanova?

Bei Giacomo Casanova, also »dem Original«, kann man zumindest auf sein Alterswerk zurückgreifen. Alte Schlagersänger greifen mehr auf ihre Fans zurück. Denen dabei immer ein wenig übel nehmend, dass sie ebenfalls altern. In Einsamkeit und Armut verfasste Casanova auf Schloss Dux in Böhmen seine Erinnerungen. Weit entfernt von Sexprotzerei, dafür aber voller Lebensweisheit und einer unvermeidlichen Altersmelancholie.

Habe mal Johannes Heesters in dieser Rolle gesehen. Da war er, glaube ich, so um die achtzig, also ein junger Spund auf seinem langen Lebensweg. Als er dann hundertsechs war, hielt er in Berlin meine Hand. Altersschwulität? Keinesfalls. Seine Frau Simone hatte mir die Bitte erfüllt, ihrem Mann »Hallo« sagen zu dürfen. Das war im Foyer des Theaters am Kurfürstendamm; dort schwor er mir: »Ich würde meine Frau niemals betrügen!«

Nun frage ich Sie, liebes Publikum: Ist so ein von ihm vielleicht unbewusst im Präsens gesprochener Satz nur deshalb nicht mehr wahr, oder wahrhaftig in seiner Aussagekraft, weil man laut Aussage anderer Zeitzeugen ab hundert nur noch pantomimisch Sex produziert? Simone kicherte wie ein junges Mädchen.

Über sehr alte Männer mit sehr jungen Frauen sagt eine italienische Mama in einem typisch italienischen Familienfilm zu ihrer Tochter: »Das ist doch alles nur die Angst vor dem Tod.«

Zurück zu Heesters. Da saß ich nun im Theaterfoyer und hielt die Hand eines Jahrhunderts in meiner. Wir feierten den Geburtstag von Wolfgang Spier. Der Komödiant wurde an diesem Tag neunzig. Worauf Heesters sinnierte: »Muss ich denn überall der Älteste sein?« Dann kippte er noch einen Cognac in sich hinein, sehr langsam, aber das soll man ja auch, wenn man das Leben genießen will. Gewiss, Heesters, zu diesem Zeitpunkt bereits mit Blindheit geschlagen, hatte niemals aufgegeben; sein Lied »Ich werde hundert Jahre alt« hatte er in Wirklichkeit um sechs Jahre überboten.

Kurz nach Heesters hundertsechstem Geburtstag las ich die Meldung, dass er mit dem Rauchen aufzuhören gedenke … »Meiner Frau zuliebe«, hatte er zu Protokoll gegeben. Kurz darauf starb er. Hätte er mal nicht aufgehört mit dem Rauchen!

Vernunft kann tödlich sein. Fragen Sie Ihren vergnatzten Arzt oder Ihren überalterten Apotheker.

Während ich diesen Text schrieb, flatterte mir der *Tagesspiegel* mit der Nachricht ins Haus: »*Frau in Israel stirbt mit 124 Jahren …*

Sie hinterlässt zehn Kinder und rund 300 Enkel und Großenkel. Sollte sich ihr hohes Alter tatsächlich bestätigen, wäre Ammash (so hieß die Verstorbene) der älteste Mensch, der je gelebt hat. Ihrem israelischen Pass zufolge ist Ammash im Jahre 1888 geboren. Das bislang höchste Alter eines Menschen, das je dokumentiert wurde, erlangte eine Französin, die 1997 mit 122 Jahren starb.«

Du kannst nicht immer hundert werden! Aber will man das?

Tucholsky hat über unseren allzu menschlichen Lebenshunger geschrieben:

»Der Mensch möchte nicht gern sterben, weil er nicht weiß, was dann kommt. Bildet er sich ein, es zu wissen, dann möchte er es auch nicht gern; weil er das Alte noch ein wenig mitmachen will. Ein wenig heißt hier: ewig!«

Was soll's; mit Curd und Udo Jürgens habe ich das vorige Kapitel über die Schwierigkeit, alt und weise zu werden, begonnen, also beschließen wir nun auch zumindest diese Gedankengänge über Alter und Weisheit mit dem »doppelten Jürgens«. Beide Herren sind nicht miteinander verwandt. Seelenverwandte sind sie allemal.

»Ich machte alles mit, wenn es Schlagzeilen brachte«, sang der normannische Kleiderschrank anno '75. Heute würde der alte Jetset-Opa gar nicht erst ins Nachtlokal hineingelassen werden. Türsteher werden sich noch einmal umsehen, wenn sie ab vierzig Jahren aufwärts eines Tages selber vor der Tür stehen.

Einen leisen Zorn über diesen Menschenrassismus im heutigen Nachtleben verspürend, möchte ich mit dem Titel »Mit 66 Jahren, da fängt der Zorn erst an« abschließen.

So titelte die *Süddeutsche Zeitung* in einem Interview mit Neil Young.

SZ: »*Sie sind jetzt sechsundsechzig. Es gibt einen deutschen Schlager, der besagt, daß das Leben erst in diesem Alter anfange*«, darauf Young: »*Mit sechsundsechzig? Wer hat sich denn DEN Quatsch einfallen lassen?*« – SZ: »*Erleben Sie das Alter eher als beängstigend oder als befriedigend?*« – Young: »*Das Einzige, was zählt, ist, daß es nicht mit sechsundsechzig vorbei ist.*«

Das ist die richtige Einstellung: bodenständig und auf seine Weise forever young!

In den Sechzigerjahren hatte übrigens die erfolgsverwöhnte Schlagersängerin Siw Malmkvist einen Riesenflop. Es war nicht üblich, den Tod in einem Schlager auf das Heiterste zu ironisieren. Die Songzeile hieß: »Alle Leute wollen in den Himmel, aber sterben wollen sie nicht.« Spätestens ab Conny Kramer, dem berühmtesten Drogentoten der deutschen Schlagerszene, wurde das Sterben in den Siebzigerjahren salonfähig. Mein absoluter Lieblingsschlager aus den Fünfzigern ist ja »Kalkutta liegt am Ganges«. Neulich, inmitten meines Nachdenkens über Vergänglichkeit, fiel mir ein Foto des blutjungen Vico Torriani in die Hände. Umrahmt von zwei Schönen, sah man ihn auf dem Bild so, wie er sich selbst gern sah: als singenden Hahn im Korb. In memoriam Vico Torriani und als durchaus religiös gedachtes Momento in diesem Buch, meine Liebeserklärung an Gott:

Kalkutta liegt am Ganges,
Paris liegt an der Seine,
doch liegt man in der Reha,
schiebt's jeder – auf wen?
Auf Gott!
Am Rhein liegt Basel.
Und Kairo liegt am Nil.
Und mir liegt an den Nieren
sehr viel, wenn ich spül,
weil ohne die Organe
ich unschwer mich verpiss.
Selbst ein Uralt-Schamane
sagt: »Tschüss«
(wenn's soweit is'.)

Kalkutta liegt am Ganges,
Paris liegt an der Seine.
Sag nicht, daß es an Gott lag.
Sag: »S'lag an Madelaine!«
An Lisa! Oder Rosa!
Der Prosa gibt's divers.
Oder mach Dir über so was
doch selber 'nen Vers –
auf Kalkutta?
Lag's am Ganges?

Sagst Du:
»Auf Wiederschaun« –
für immer –
mach's nicht schlimmer;
schieb's einfach auf Fraun.
Kalkutta liegt am Ganges.
Den Schweizern liegt der Geiz.
Nur, daß wir alle sterben ...
... liegt nicht an der Schweiz!

Da ich Ihnen ein versöhnliches Buch versprochen habe, kommt, finden Sie nicht auch, sehr verehrte Leserinnen und Leser, die Schweiz ausnahmsweise mal richtig gut weg. Inklusive Vico Torriani. Beide haben getan, was sie konnten. Apropos: Konten! Das Bankgeheimnis ist zwar auch nicht mehr das, was es mal war, aber das Bankgeheimnis verursacht immer noch die beeindruckendsten Berge. Geldberge alpinen Ausmaßes. Was man hat, das hat man! Dennoch wird auch in der Schweiz gestorben, aber natürlich immer auf dementsprechendem Niveau. Ende der Zwanzigerjahre sang der begnadete Tenor Joseph Schmidt »Heut ist der schönste Tag in meinem Leben« ... Er starb 1942 in der Schweiz. Verarmt und vereinsamt. Das Lager für Ausländer war natürlich nicht mit den Zuchthäusern und KZs in Deutschland vergleichbar, die Insassen konnten sich frei bewegen, mussten sich aber dort abends ordnungsgemäß für die Nacht einfinden. Schmidt starb. Und das lag vielleicht an einer vergessenen Nummer; keiner Gesangsnummer. Herr Schmidt kam nicht mehr an das Geld seines geheimen Nummernkontos heran. Sein Agent ist damals entweder mit seinen Gagen durchgebrannt oder selbst auf der Flucht gewesen. Das weiß man heute, glaube ich, nicht mehr so genau. Man hat es nie wirklich herausgefunden. Es bleibt ein Geheimnis. So schützen das Bankgeheimnis und die Diskretion eines solchen Instituts die Bösen wie die Guten. Schmidt, der begnadete Sänger aus Galizien, verreckte also an einer an und für sich seriösen Schweizer Diskretion. Was hilft es, wenn man das Geld auf der Bank hat, aber nicht mehr belegen kann, dass es einem wirklich gehört. Und das Geld, das sich die Schweiz bis zum heutigen Tage gewissermaßen erschweigt, sind die wahren Alpen dieser Republik. Das Alpenglühn ist übrigens auch nicht mehr das Wahre. So ein globales Ozonloch kennt eben keine Neutralität; es macht sich breit, wo die Industrie ihm Raum lässt.

An dieser wunden Stelle und in Erinnerung an den kleinen Herrn Schmidt mit dem großen Schweizer Nummernkonto, an das er nicht herankonnte – sein Lied, von mir biographisch verändert, aber nicht leichten Herzens geschrieben; auch gedacht als kleiner Gruß an Menschen, denen ich bestimmt mal weh getan hab.

Heut ist der schönste Tag in meinem Leben.
Ich fühl zum ersten Mal:
Ich hab geübt.
Ich brauchte sechzig Jahr,
um mehr zu geben –
mein Herz pocht himmelwärts
weil's endlos liebt.
Viel zu kurz ist es verlaufen,
denn ich lief und schlief und küsste auch;
hab's vermieden, mich zu raufen,
doch kämpfte
so mit Kopf und Bauch.

Heut ist der schönste Tag in meinem Leben.
Müsst ich jetzt gehen,
sagt ich: »Schad. Das war's?!«
Ich hätt an diesem Tag
noch was zu geben ...
Jetzt alles ohne mich?
Im Bett?
An Bars?
Na, dann trinkt und bleibt schön heiter!
Ich muß weiter, bitte, wo geht's lang?
Ohne Sprossen keine Leiter,
weiter bis zum Abgesang.

Heut ist der schönste Tag in meinem Leben,
ich fühl zum ersten Mal:
Ich hab Fasson.
Ich brauchte sechzig Jahr,
um mehr zu geben.
Tat ich Euch weh,
bitt ich – bevor ich geh –
um Generalpardon!

Der Ewigkeit verschrieben

Finden Sie nicht auch, dass ich mich absolut geschickt dem Kästner-Motto »Wo bleibt das Positive?« nähere? Denn es kann ja nicht immer Tucholsky sein. Und Georg Kreisler bleibt sowieso in meinem Herzen. Auf diese Weise habe ich auf meiner Lebensreise immer die Nord-Süd-Linie gepflegt. Sächsisch – berlinerisch – wienerisch. Amerika, du hast es besser! In deinem grenzenlosen Optimismus siehst du immer wieder einen Horizont – auch wenn gar keiner mehr da ist. Mir fehlt heutzutage im Kanon amerikanischer Literatur der auf seinem himmlischen Kanu doch sehr still vor sich hin paddelnde Thornton Wilder.

Zunächst klingt es bedrohlich, wenn er in dem Roman *Die Brücken von San Rey* abschließend schreibt: »Bald aber werden wir alle sterben und alles Angedenken wird dann von der Erde geschwunden sein«, dann aber folgt des Autors versöhnlicher Satz: »… und wir selbst werden für eine Weile geliebt und dann vergessen werden.« Na ja, so versöhnlich nun auch wieder nicht. Ich seh schon, Sie schmollen. Jadoch! Wir wollen es schön haben. Jawoll, das wollen wir. »Wo bleibt das Positive?« Schon wieder dieser Kästner! Tucholsky reicht doch. Der konnte den Kästner sowieso nicht leiden. Zu bürgerlich. Bevor er literarisch zu schweigen begann, sprach der »innere Immigrant« in den Nachkriegsjahrzehnten als Zuhausegebliebener dispektierlich über die Aushäusigen. So, als wären ein paar maulige Kollegen nach 1933 einfach nicht mehr so gern heimgefahren. In solchen Momenten erwies sich der an sich geistvolle Kästner nicht unbedingt als Altersweiser. Und als Vater war er übrigens ein Flop. Also Kästner! So tot wie du jetzt bist – tolle Kinderbücher schreiben, aber dem Sohn zum Geburtstag nur einen Briefumschlag mit Geld übergeben. Schönes Geschenk. Ach, du doppeltes Lottchen! Soviel zum Thema Einzelkind Erich als Vater von Kästner Junior. Diese Schriftsteller – was sie nicht haben, erschreiben sie sich. Da lobe ich mir den eben zitierten Thornton Wilder. Heutzutage immer weniger zitiert. Woran das wohl liegt? Vielleicht daran: schwul, fromm und von tiefer Heiterkeit. Das ist einfach zu viel für den gläsernen Menschen von heute. Jawohl, ich spreche von Thornton Wilders Heiterkeit. In den Fünfzigerjahren sprachen allerdings alle von seinem Stück »Unsere kleine Stadt« in tiefer Betroffenheit. Betroffenheit ist ja das Lieblingswort der Deutschen. Nach wie vor. In diesem Stück sprechen lauter Tote zu den Abonnenten im Parkett. Im freien Verkauf des Theaterbetriebs von heute zieht das nicht mehr. Scheinbar zu moralisch zwischen Musicals und Klassikern – leicht gekürzt auf eine Kinolänge. Und was den Fernsehbetrieb angeht: das ZDF steckt in der Midlifecrisis. Kein Wunder. Fünfzig Jahre hat dieser christlich-soziale Sendekörper auf dem Buckel. Seine Versuche, sich zu verjüngen, haben manchmal etwas von Berlusconi. Den wählen ja überwiegend auch nur die Alten. Das erinnert an die Kundschaft des ZDF. Auf dem einen Auge bereits etwas behindert – entstand auf diese Weise der Slogan: »Mit dem Zweiten sieht man besser!« *Andere Sender, andere Titten!* – Zu ordinär? Was wollen Sie? Diese zotige, aber hellsichtige Bemerkung über zukünftige Medien kreierte Michael Pfleghar bereits in den Siebzigern. Dies und anderes legte er damals Ingrid Steeger in den legendären Kussmund. »Klimbim« machte TV-Geschichte. Mir scheint, wenn es um Alterungsprozesse geht, die ja vor Mensch, Tier und Fernsehsendern nicht Halt machen, war die damalige Pointe wie ein Orakel von Delphi. Darum Schulterschluss mit allen Menschen ab 40plus: Halten Sie sich an Thornton Wilder: »Da ist ein Land der Liebe und ein Land der Toten. Und die Brücke zwischen ihnen ist die Liebe – das einzig bleibende, der einzige Sinn.«

Apropos »Liebe« – so heißt ja auch der 2013 mit einem Oscar belohnte Film von Michael Haneke. Sichtlich erschüttert von diesem Altersdrama, verließen meine Freundin Anna und ich das Kino. Sie seufzte … Es war der Seufzer einer jungen Frau, die mitten im Leben steht. »Das werden wir ja nun leider nicht erleben …« – »Was?« – »Na, gemeinsam alt zu werden, wie die zwei im Film. Schade …« – »Wieso schade? Er ist alt, sie ist dement, und am Ende erstickt er sie mit dem Kopfkissen.« Vernichtender Wischblick von Anna. Ich liebe ihre wundervollen Vorwurfsblicke. Der Altersunterschied zwischen uns ist ein Dauerthema. Sagen wir mal: mehr von ihrer Seite. Ich red schon gar nicht mehr darüber. Ich schreib lieber ein Buch darüber. Später, in der Bar, sagt sie: »Aber, weißt du, man hat einfach den Eindruck, dass der Trintignant die Riva aus purer Verzweiflung erstickt und …« – »Alles klar. Und wenn du jetzt auch noch sagst: ›Alles geschah im gegenseitigen Einvernehmen‹, bekommt das Kind keinen zweiten Cocktail!« Darauf Anna in Richtung Barkeeper: »Mein Vater möchte noch einen Cocktail!« Ich gluckse, sie gluckst, aus der Musikanlage erklingt jetzt »Singin' in the rain«. – »Gene Kelly!«, sag ich und schau nach oben, als ob der liebe Gott gerade über uns – und nur für uns – sein Regenlied singt. Anna nickt: »Eine tolle Frau, diese Mrs. Kelly …« Anna hatte ein paar Tage zuvor jene lustige Witwe Kelly mit einem Vortrag über ihren verstorbenen Mann in der Londoner Albert Hall erlebt. Sie schwärmte noch immer davon. Und danach hätten die Londoner Symphoniker live den Titel »Singin' in the rain« gespielt. »Weißt du, sie war sechsundvierzig Jahre jünger als er.« Noch während sie das ausgesprochen hatte, bedauerte sie bereits, diese Tatsache erwähnt zu haben; hielt sich nun an ihrem Strohhalm und leider auch an ihrem Lieblingsthema fest – der Unerträglichkeit des nicht gemeinsamen Alterns. Um es ihr und mir erträglicher zu machen, rückte ich noch etwas näher an sie heran und hauchte ihr ins Ohr: »Nimm dir ein Beispiel an der Witwe Kelly. Reist in der Welt herum, bekommt auch noch Geld dafür, über das Leben ihres Mannes zu plaudern; und manchmal sitzen hinter ihr zwanzig Symphoniker und spielen »Singin' in the rain«. Eins sag ich Dir mal gleich, Anna – unter dreißig fängst du gar nicht erst an!«

Rat an ältere Herren
mit viel zu jungen Damen

Meine Meinung über das Zusammenleben zwischen Jung und Alt ist geprägt durch meinen heiteren Blick auf unser aller Endlichkeit. Verdrängung bringt gar nichts. Aus diesem Grunde, meine Herren, sagen Sie einfach, sollten Sie als spätes Semester eine jüngere Frau lieben:

»Liebste – es ist mir eine Ehre, dich ein Stück des Weges noch begleiten zu dürfen, und mit etwas Glück wird es bei uns vielleicht etwas länger halten, als es sonst in der Statistik steht. Schließlich seid ihr Frauen ja biologisch das stärkere Geschlecht, denn ihr überlebt uns durchschnittlich so um ca. sechs bis zehn Jahre – in unserem Fall jedoch tippe ich mal auf vierzig bis fünfundvierzig Jahre …«

Anna lachte über meinen Lebensantrag – altmodisch in der Form, aber zeitlos in der Aussage – und ich setzte ein weiteres Angebot als Sahnehäubchen obendrauf: »Spätere Heirat nicht ausgeschlossen!« Darauf sie: »Spät hieße: jetzt – und jetzt ist zu früh!« Und überhaupt empfände sie Heiraten als völlig obsolet. Viel eher aber pocht sie auf mein Herzpochen, auf mein Herzklopfen, wie es mit sechzehn doch ganz anders klang wenn ich so rückblickend in mich hineinhorche. Wenn die Zeit scheinbar unendlich scheint, nimmt man schon mal so einen Satz wie »Ich liebe dich unendlich« in den Mund. Wir lieben aber mehrmals, öfter, und die erste große Liebe ist selten die letzte. Wer mit dem ersten Partner oder der ersten Partnerin zusammenbleibt, tut das nicht selten aus eher sachlichen Gründen: »Wir können die Kinder nicht alleine lassen. Wir müssen warten, bis sie älter sind.« Unter dem Motto: »Alte Liebe rostet nicht.« Stimmt. Die Liebe nicht. Aber ihre Partner. Dann lass noch Bausparverträge und gemeinsame Geschäfte, Aktien etc. hinzukommen. Selbst die Besitzlosen, die sich nicht mit Anwälten über verbleibende Güter und Kosten streiten, würden ganz gerne noch einmal von vorne anfangen.

Aber es ist eben wie in dem Text von Tucholsky über den Löwen im Zoo: »*Und ließ der Wärter selbst die Türe offen: Man geht ja nicht.*« Ich jedenfalls habe Anna meine Endlichkeit zu Füßen gelegt. »Teil mit mir, was noch zu teilen ist.« Schließlich und endlich sehe ich das mit unserer Endlichkeit so: eine Frau, die sich auf uns ältere Männer einlässt und noch unter dreißig ist, kann von uns alles haben: Kinder, Aktien, Lebensversicherungen mit besonders knackigen Ausschüttungen, nachdem wir selbst längst in alle Winde verschüttet sind. Aber Zeit, die man nicht hat, kann Mann auch nicht verschenken. Und ein Lump ist der, der mehr gibt, als er hat. Diese Lebensweisheit meines Vaters, umgesetzt auf meine Lebenszeit, bedeutet: lieber kurz und intensiv geliebt, als lang und dafür langweilig gelebt.

»Denkst du denn, die Ehe ist ein Spaß, mein Lieber? Frag mal die Mamas und die Papas, mein Lieber! Schon Dante Alighieri schrieb vor Jahren: ›Ihr, die Ihr in die Ehe eintretet, lasset alle Hoffnung fahren.‹«

Der Mann, der diese Zeilen in den Sechzigerjahren schrieb, hieß Georg Kreisler und ist für mich der größte Kabarettpoet im deutschsprachigen Raum. Als Lyriker oft überhört und als reiner Musiker selten gehört worden. Er war in zweiter Ehe mit seiner Frau Barbara glückliche vierzig Jahre verheiratet, starb mit neunundachtzig und hat somit vollkommen gegen die Statistik gelebt; vor allem aber hat er Glück gehabt.

Wir können nicht immer sechzig sein. Na gut, wir Kerle werden nun mal nicht alle neunundachtzig wie Herr Kreisler; aber dann hätte ja auch eine gewisse schöne junge Griechin gar nicht erst den Sirtaki mit ihrem rüstigen siebzigjährigen Charmeur und Komiker tanzen müssen. Denn die Statistik sprach gegen die beiden. Aber das ist ein ganz anderes Kapitel.

Der alte Komiker
und die junge Griechin

Mit siebzig hat man noch Träume? – Durchaus! Der Bräutigam stand in grauem Flanell neben seiner Braut in Weiß. Sie war eine rassige Griechin, die mit dreiunddreißig zum ersten Mal ihr »Ja«-Wort gegeben hatte. Er war siebzig, und deshalb halte ich das bei ihm eher für unwahrscheinlich ... Ich meine, die Sache mit dem ersten Mal.

Der westeuropäische Mann heiratet ja durchschnittlich 2,5 Mal. Die »Zwei« sehe ich plastisch vor mir, nur bei der Fünf nach dem Komma führt mich meine assoziative Berechnung immer zu halbierten »beziehungs«-weise gefünftelten männlichen Wesen.

Jenes Hochzeitspaar, also der alte deutsche Siebzigjährige und die junge Griechin – Sie wissen schon: 70/33 ... – wer bietet mehr (?) –, war ganz bei der Sache.

Die für einen evangelischen Pfarrer äußerst unprotestantische Predigt hatte für mich den südlichen Charme einer Cabaret-Conference.

Neben äußerst heiteren Doppelbödigkeiten des Herrn Pastors, dass beispielsweise Italiener einfach nicht daran gewöhnt seien, etwas endgültig zu reparieren, sondern sich vielmehr daran erfreuten, etwas für eine gewisse Zeit noch einmal hingebogen zu haben, was an sich bereits als kaputt galt, gelte dies natürlich nicht für eine kaputte Ehe.

Ungewöhnlicher Aphorismus als Entrée für zwei Menschen, die gerade neu beginnen. Aber der charmante Rhetoriker wusste genau, was er da sagte. Er sprach vom Geheimnis des Lebens, und das hieße für ihn immer wieder: »neu beginnen«. Natürlich nicht im Sinne einer immer wieder neu zu schließenden Ehe, sondern innerhalb der Beziehung.

Dazu fällt mir der klassische jüdische Witz von dem alten Ehepaar ein, das vom Scheidungsrichter gefragt wird, warum sich er (85) und sie (89) nach sechzig Jahren Ehe nun um Gottes Willen scheiden lassen wollen. Ihre Antwort mit leicht niedergeschlagenen Augen: »Wir wollten warten, bis die Kinder tot sind!«

Besagte schöne Griechin hatte an diesem wunderschönen Hochzeitsmorgen auf die Statistik der Lebenserwartung bei Männern ab sechzig aufwärts gepfiffen. So zu handeln und die Umfrageergebnisse romantisch mit einzubeziehen, hätte sie zu ihm eher ins Ohr flüstern können: »Schatz, lass uns den Sommerwein von 2,5 % in vollen Zügen genießen, denn du bist nicht im zweiten Frühling, nicht im Spätherbst, sondern *im Winter deines Missvergnügens.*«

Aber wer beginnt schon mit dem ersten Satz aus dem Prolog von »Richard III.« den Bund für's Leben?! Shakespeare-fest, wie Sie sicher sind, wissen Sie ja, wie Richard, diese mörderische Heiratsmaschine, »drauf« ist. Er denkt mit dem Fuß – und der ist nun mal ein Klumpfuß. Mit diesem stellt er jeder Liebenden ein Bein.

Der weise Sufi hingegen kommt überhaupt nicht zum Heiraten, denn er dreht sich in seinem Kloster stundenlang um sich selbst. »Und je schwerer der Körper, desto leichter die Gedanken …«, sagt er und denkt in den Fuß hinein.

So steht es geschrieben in Eric-Emmanuel Schmitts »Monsieur Ibrahim und die Blumen des Koran«. Joseph Beuys war scheinbar auch ein Sufi – er wusste es vielleicht nur noch nicht, als er einmal sagte: »Ich denke sowieso mit dem Knie.«

Vom Knie bis zum Knöchel ist man ja schon auf dem Wege zum Stiefel, womit wir wieder bei unserem italienisch-inspirierten Pfarrer wären.

Er wünschte den beiden keine Perfektion, dafür aber viel Freude an der Improvisation. Das setzten der alte Mann und die schöne Griechin anschließend prompt in einen Sirtaki um. Ein schönes Bild war das. Das Leben, das vor ihnen lag, sieht mir auch heute noch, im Rückblick, nicht nach 2,5 % aus; eher nach hundert Jahren Zweisamkeit. Wer bei dieser Rechnung die nüchternen Zahlen nur als Faktum nimmt, sollte immer ihre mythologische Bedeutung mitberechnen. Pythagoras war schließlich auch ein Mystiker. Mystik und Mathematik haben die Griechen nie voneinander getrennt. Die Perversion der Trennung besorgte erst das humanistische Gymnasium.

Bis zum Druck dieses Buches lag uns keine Nachricht über eine familiäre Vergrößerung durch die Griechin mit dem munteren Siebziger vor. Und ich schiebe auch keineswegs Reklame bei jungen Frauen mit dem Slogan: »Alte Männer braucht das Land!«

Glauben Sie mir, meine Damen, dass es nicht meine Absicht ist, wortreiche Verklärung der Idee vom alten Mann mit der jungen Frau in die Welt zu streuen. Aber mit einer Verteufelung dieser Lebensform kann ich auch nicht dienen.

Natürlich ist ein weggestorbener Vater, der sein Kind mit einer doppelt schwierigen Pubertät zurücklässt, kein Fahrschein ins Glück für lustige Witwen; eher ein One-Way-Ticket für sehr starke Frauen. Wer sich auf eine Beziehung mit einem sehr viel älteren Mann einlässt, ist gewissermaßen eine Statistik-resistente Lebenskomparsin.

Alte Kintopp-Regel: ein Komparse macht noch keinen Leinwandhelden.

Zwei Komparsen, oder gar drei, sind noch kein Auflauf, aber Tausende von denen ergeben *Ben Hur*. Erst ein Heer größeren Ausmaßes konnte das bis heute wohl berühmteste Wagenrennen der Hollywood-Geschichte ermöglichen. In diesem durchgeplanten Tohuwabohu fiel allerdings der größte Fehler des Fünfzigerjahre-

US-Kinos erst bei der internen Vorführung auf: Ben Hur trug eine Armbanduhr. Ein menschliches Versagen des Kostümbildners? Des Requisiteurs? Der Regieassistentin oder des Scriptgirls? Es war wie im alten Rom. Die MGM ließ Köpfe rollen.

Was das alles mit der Hochzeitsszene des siebzigjährigen Mannes mit der schönen Griechin zu tun haben soll? Ganz einfach: Wir Hochzeitsgäste waren die Komparserie für ein Traumpaar. Es tanzte mit der Zeit und in der Zeit, ganz im Hier und Jetzt.

Rolando Villazón, Meistertenor und Opernregisseur, sagte einmal: »Wenn ich mit dem Chor probe, gibt es für mich nur eins auf der Welt: mit dem Chor proben. Wenn ich singe, gibt es nur eins im Leben: Singen. Wenn ich spazieren gehe oder im Café sitze – nur das. Im Augenblick sein – so macht das Leben Spaß. Jedes Mal neu.«

Komisch. Der Villazón muss diesen protestantischen Pfarrer gekannt haben ... Der kam mir gleich so katholisch vor.

Anleitung zum Lieben älterer Herrn für junge Damen

Augustinus (354 – 430): »Liebe und tu, was du willst.« Zu diesem Zeitpunkt befand sich der Moralist noch in seiner Halbstarken-Phase; schickte, als er sein Leben ändern wollte, Frau und Kind glatt in die Wüste und schwor dem wüsten Leben ab. Er hinterließ golden-christliche Lebenstipps. Sollte uns das nicht zu denken geben? Halten Sie sich erstmal an den Halbstarken, meine Damen.

Lieben Sie drauf los, aber lieben Sie! Lassen Sie sich den Vorwurf des »Vaterkomplexes« ruhig gefallen; beunruhigt dürfen Sie erst dann sein, wenn sich Ihr alter Herr und Lover als eine Kopie von Professor Higgins aus »My Fair Lady« entpuppen sollte. Raubkopie. Belehrend anstatt begehrend. Alles ohne Musik.

Bei dieser Art Besserwissertyp älteren Semesters kommt erschwerend hinzu, dass er ohne die Originalität von George Bernard Shaw praktisch in Unterhosen dasteht. In langen weißen Unterhosen. Möchten Sie sich von einem solchen Herrn belehren lassen? Sehen Sie!

Autoritären Männern fehlt es sehr oft an Charme. Wenn Higgins zum Beispiel der vom Blumenmädchen Eliza zur Lady aufgestiegenen Schülerin Sätze wie: »Du schamlose Schlampe, es gibt kein Wort in deinem Schädel, keinen Gedanken in deinem Hirn, den ich dir nicht eingetrichtert habe ...« – klingt es grob, aber gespielt von Rex Harrison spürt man die Verzweiflung des alten gebildeten Herrn; ohne einen geistreichen Ghostwriter wie George Bernard Shaw hören sich Sätze aus dem wirklichen Leben eines alten Chauvis eher väterlich bevormundend an.

Da Sie als junge Frau eventuell bereits mit ihrem leibhaftigen Herrn Papa schon so ein väterliches Exemplar an Besserwisserei durchlebt haben, brauchen Sie, um Himmels willen, nicht auch noch ein Lichtdouble schwadronierender Vatergewalten auf Ihrem Sofa. Hören Sie also bitte nicht auf Ihren Geliebten älteren Datums, dafür aber umso mehr in sich selbst hinein. Hellhörig sollten Sie bei Sätzen wie folgendem werden, ja nahezu misstrauisch, wenn er Ihre modischen Entscheidungen mit Worten abwertet wie: »So gehe ich nicht mit dir auf die Straße!«

Sollten Sie zum Beispiel immer noch ein eingefleischter Rolling-Stones-Fan sein und er eher klassische Konzerte bevorzugen, ist das noch kein Beinbruch für eine Beziehung, aber auch kein Schulterschluss. Wenn allerdings Worte fallen wie: »Auf das Rockkonzert, wie du es nennst, kannst du alleine gehen. Unter Konzert verstehe ich vierzig Herren im Frack!«, darf Sie das durchaus nachdenklich stimmen; vielleicht hatte Ihnen Ihr eigener Vater von der Beziehung mit einem solchen Mann nur deshalb abgeraten, weil er sich selbst in dem Prachtexemplar wiedererkannt hat. Das wäre dann so eine Art nicht ausgesprochener Selbsterkenntnis. Und ich weiß, wovon ich rede. Vor allem: von wem!

Meine zeitaltrigen Artgenossen neigen nicht unbedingt immer zur Selbstkritik. Selbstverständlich gibt es Ausnahmen und durchaus akzeptable Männer älteren Datums: nehmen Sie zum Beispiel mich!

Allein dieser Satz dürfte achtzig Prozent junger Frauen sowie werdender Damen davon abhalten, sich auf ein Date, wie es heute so schön heißt, mit mir einzulassen; genau das ist mein Plan. Ich bin sowieso nur scharf auf die restlichen zwanzig Prozent.

Und Ironie ist nun mal Mangelware. Von Selbstironie ganz zu schweigen. Ich habe auch keine Lust, die ganze Selbstironie selber zu produzieren. Mit anderen Worten: mit einer Frau, die nicht über sich selbst lächeln kann, treffe ich mich nicht. Da ich privat, unberufen TOI! TOI! TOI!, momentan sehr glücklich bin und mein Verlag auch, weil bei Trennung von meiner verdammt jungen Partnerin dieses gesamte Buchkonzept wie ein Kartenhaus zusammenfallen würde, überlasse ich Ihnen, meine Herren, den Rest des jungen weiblichen Marktes und schmeiße mich voll und ganz auf meine Dame. Das müssen Sie sich mal bildlich vorstellen.

Kinderwunsch? Nicht ausgeschlossen! Wie sagte der alte Komiker, der langsam auf die Achtzig zuging und dennoch ein Schlusslicht seiner Potenzfähigkeit leuchten ließ: »Meine Enkel produziere ich mir lieber selber!« So etwas würde ich nicht zuwege bringen! Ein Baby durchaus! Mit meinen schnuckeligen sechzig.

Nur bei so einem zeugungswütigen Großvater sträuben sich mir die – bei mir bereits weißen – Haare. Ich glaube an den zwischenmenschlichen Umgang alter Herren mit jungen Damen. Aber ab vierzig können Sie ihm dabei sogar zusehen, meine Damen, wie er welkt, mag er es auch gerne eine Metamorphose nennen.

Lieben Sie drauf los, aber lieben Sie. Keine Angst vor'm Vaterkomplex. Wie es beim Großvaterkomplex aussieht, können wir Charlie Chaplin nicht mehr fragen. Der wiederum hat noch mit Mitte siebzig ein Kind gezeugt. Nora Ephron, die Autorin, legte in dem berühmten Film »Harry und Sally« einen ebenso berühmten Kommentar zu dieser Situation Billy Crystal in den Mund: »Ja, ich weiß, Chaplin hat noch als alter Mann ein Kind gezeugt. Aber weißt du, ob er es noch auf dem Arm halten konnte?«

Die Autorin ist mit einundsiebzig Jahren verstorben und hat einmal in einem Interview sehr amüsant berichtet, dass sie eine Volontärin im Weißen Haus zu Zeiten John F. Kennedys gewesen sei. Dieser hätte alle vernascht, die jung, frisch und hübsch waren

– nur sie nicht. Beim Betrachten alter Fotos habe sie allerdings im Rückblick Verständnis für die Ignoranz Kennedys gehabt. Sie fand sich einfach nicht sexy mit ihrer dämlichen Frisur. Und das macht mir ebenfalls Mut, Ihnen, meine Damen, einzugestehen: ich fand mich auch nicht sexy – damals – mit meiner dämlichen Frisur. Und »einem Reißverschluss am Kopf!«, setzte meine Freundin eines Tages fort, als sie sehr nachdenklich auf meine Jugendfotos schaute. Selbstverständlich bezog sich die Bemerkung auf meinen linear gezogenen Scheitel. Anna umarmte mich, mit einem Seitenblick noch mal kurz über das Foto blickend: »Einfach zu jung!«

Du kannst nicht immer siebzehn sein, und du solltest dich vor allem darüber freuen, dass du es nicht mehr bist. Anna jedenfalls erfreut sich meiner lockeren Umgangsweise mit Alter und Vergänglichkeit. Schließlich stand ich nicht »auf ihrer Agenda«, als wir uns kennenlernten. Zweiunddreißig Jahre Altersunterschied sind nun mal kein Pappenstiel, aber auch keine unüberwindbare Mauer – und mit Mauern kenne ich mich aus. Ich bin ein Berliner.

Nachdem ich mich vier Wochen sehr gebremst und gesittet verhalten hatte, kam es eines Abends zu jenem denkwürdigen erotischen Schlüsselerlebnis mit Anna. Sie umarmte mich, sagte: »Du bist einfach zu alt«, küsste mich nahtlos … – und blieb. Ich stand doch gar nicht auf ihrer Agenda. Wir sind aber nach wie vor zusammen.

Was bedeutet das in meinem Alter? Oder besser: was könnte es bedeuten? Ich kann es Ihnen nur andeutungsweise sagen und auch nur aus dem Moment heraus so ins Blaue geschrieben. ins ungewisse Blaue – so ungewiss, wie die Zukunft eines so ungleichen Paares, wie wir es sind, nun mal ist.

Und während ich ins ungewisse Blaue schreibe, stocke ich; denn jetzt geht die Tür auf und meine junge Freundin kommt auf mich zu … – Oh Gott! Was hat sie mir zu sagen? Auf dem Weg zu mir stolpert sie über mein Chaos. Ihre Einkaufstüten fallen zu Boden.

Anna haut nichts um. Dafür läuft die Milch aus. Ich springe auf und trete prompt auf die Tomaten. Sie schüttelt ihren Bubikopf. Durch ihre Audrey-Hepburn-Brille betrachtet sie das Desaster. »Mist«, sagt sie. »Jetzt ist die Milch im Eimer, die Tomaten sind zerquetscht, und das Gericht für heut Abend kannst du vergessen. Die Geschäfte sind doch zu. Und unser blöder »Spätkauf« hat nur H-Milch. Ich hasse H-Milch. Und alles nur, weil ich dir sagen wollte, wie sehr ich dich liebe!« – »Ja?«, frage ich, »wie sehr denn?« – »Na so, alter Sack«, gluckst und die Milch fließt heiter weiter.

Bald sitzt ihr Popo auf meiner »Anleitung zum Lieben älterer Herren für junge Damen«. – »Altherrentext!«, sagt Anna und lässt die Blätter auf den Boden fallen. »Das geht nun aber gar nicht!«, sage ich, rette, ganz Autor, den Text vor milchigem Parkett. »Und worum geht's in diesem Text?«, fragt sie, während wir uns weiter küssen. »Um Augustinus und die Liebe. Er sagte: ›Liebe und tu, was du willst.‹« – »Aha, und *ich* sage: ›Hol mal 'n Eimer!‹« Ich nöle ein Heinz-Rühmann-nachempfundenes »Jawoll!« und hol den Eimer. Sie hebt meine Seiten auf und liest spöttelnd: »›Anleitung zum Lieben älterer Herren für jüngere Damen!‹ – Soso. Geht in Ordnung. Schlage vor, du gehst zum ›Spätkauf‹, holst die H-Milch, die blöde, und ich lese die Anleitung, damit wir hier mal weiterkommen.« Was soll's. Ich geh. Die H-Milch ruft. Kaum fällt die Tür ins Schloss, höre ich Anna lachen.

Kaum aus dem Hauseingang getreten, pfeif' ich mir wieder mal das Liedchen von Chris Roberts und verpfeif' mich prompt. Das liegt am Schlussteil vom Refrain. Heißt es da doch schließlich und endlich: »Einmal, da wirst du 70 sein, dann bin ich noch bei dir.« Ich höre auf zu pfeifen.

Ich kauf die H-Milch, lauf die Treppe schneller noch hinauf, als ich sie eben noch hinunter lief. Keine Anna weit und breit. Im ersten, zweiten, dritten Zimmer nicht. Doch da – in der Küche steht sie – es folgt ein Kopfschüttler und nun gluckst sie wie die Enkelin von Lilo Pulver: »Das geht ja alles gar nicht!« – »Aber Anna«, sage ich, »diese Anleitung ist doch nur ein erster Entwurf und nicht verbindlich ...« – Anna schaut mich ratlos an: »Welche Anleitung?« – »Na, zum Lieben älterer Herren für junge Damen!« Ein Entwurf eben nur. Weiter nichts. »Quatsch«, sagt Anna ärgerlich und zieht das Kochbuch hervor. »Du hast nichts, aber auch gar nichts von dem, was ich dir sagte, was wir dringend brauchen, im Supermarkt gekauft. Dein Kühlschrank ist leer. Lass uns essen gehen.« Ich nicke. Und scheinbar nebenbei sagt sie dann noch, während sie sich bereits die mädchenhaften Slipper anzieht: »Mein Vater möchte dich gern kennenlernen!« Die H-Milch fliegt pünktlich um 19:55 Uhr auf's Parkett. Ein gutes Zeichen unserer Liebe: diesmal hält die Tüte dicht.

Nun setze *ich* mich auf die Anleitung zum Lieben älterer Herren für junge Damen und bin ganz stumm. Der Vater soll ein sehr besorgter Mann sein, und ich bin doch erst sechzig und habe noch das ganze Leben hinter mir!

Ach, du lieber Augustinus – ich tu, was ich will!

Wir Normalsterblichen sollten der jungen Schönen unserer Wahl einfach klarmachen, dass wir im Bereich Kurzwaren unterwegs sind. In dehnbarer Qualität. Später, wenn wir uns aus guten biologischen Gründen für immer zurückziehen dürfen, mit anderen Worten: den Abgang machen, ist falsche Höflichkeit fehl am Platz. »Bitte nach Ihnen, gnädige Frau« ist inhaltlich unpassend und von der Form her überholt. Hoffen wir einfach auf ein gutes Timing. Und ein guter Abgang hat immer etwas Würdevolles. Nur Zarah Leander kam immer wieder. Aber die war ja schließlich eine Frau. Seien Sie ein Mann: sagen Sie der Geliebten, dass Sie sie äußerst gern zur lustigen Witwe machen wollen. Bis dahin aber möchten Sie das Leben mit ihr in vollen Zügen genießen. (Lesen Sie dazu später bitte das Kapitel: »Darf ich Sie zur Witwe machen?«)

Da es sich bei älteren Männern mit Hang und Drang zu jüngeren Frauen eben selten um Genies von Weltrang handelt, sondern um ganz normale Menschen, sollten wir aus männlicher Sicht darüber auch nicht allzu traurig sein. Sind wir Goethe? Bei dem war das etwas anderes.

Wie gut zum Beispiel, dass der Geheimrat seine etwas schlichtere Ehehälfte, die geduldige Frau Vulpius, um einiges überlebt hat; man stelle es sich umgekehrt vor! Da müsste man ja, frei nach dem Geheimrat, das bittere Fazit in die Welt hinaus stöhnen:
Den Dichterwitwen flicht die Nachwelt keine Kränze!

Nur für gegangene Genies gibt's Tränensäcke über Säcke ohne Grenze!

Was auch immer Goethe war oder nicht war – bei aller Dichtung und Wahrheit: ein Muttersohn war er keinesfalls. Er liebte seine Mutter, hielt aber immer Abstand.

Muttersöhne küsst man nicht

Ich war einer! Muttersöhne sind lebensgefährlich. Entweder schwul, Diktator oder in der Modebranche; machmal auch im Showgeschäft tätig. Ich war mal einer. Showmaster, meine ich. Diktator ist ja eher ein rückläufiger Beruf. In unseren republikanischen Gefilden ist der Job nur noch mit demokratischem Antlitz möglich. Also als Politiker vielleicht. Auch Wirtschaftsmanager sind ja bekanntlich verdeckte Diktatoren und Mamis Liebling. Nehmen Sie zum Beispiel Herrn Mehdorn! Ex-Deutsche-Bahn-Chef. Nachdem er diese erfolgreich zurechtgestutzt hatte, warf er sich auf's Post- und zuletzt auf's marode Berliner Flughafenmanagement. Auf die Frage in einem Interview, wer denn sein Idol sei, antwortete er: »Napoleon!«

Im zukünftigen Geschichtsunterricht wird es dennoch nie heißen: »Mutti, heute haben wir den Mehdorn durchgenommen«; das von ihm bewunderte Idol Bonaparte jedoch wird sich als Lehrstoff durchaus noch eine ganze Weile halten. Nicht als berühmter Muttersohn, aber als Imperator. Nur als Liebender taugte er wenig – wie fast alle Muttersöhne. Wegen der Eigenliebe und einer sehr eigenen Sicht auf Mutti. Ergo: Muttersöhne küsst man nicht! Die Liebesunfähigkeit solcher Männer, von Cäsar über Nero bis hin ins zwanzigste Jahrhundert, zeigen Männer, die alle sehr, sehr lieb zu ihrer Mami waren.

Denn mit Mami kommt keine sterbliche Frau mit; bei aller Liebe nicht!

Ich warte auf eine *Don-Giovanni*-Inszenierung – irgendwann –, in der beim Todesgastmahl der berühmte steinerne Gast von einer Frau gespielt wird. Ich sehe sie, grau, steinig, riesengroß, so eine Art Frau Frankenstein, die den Frauenverarscher Giovanni D. an seinen Schnellfickerhosen packt und mit ihm davonfliegt. Giovanni schreit und zappelt. Es hilft alles nichts. Unter den verdächtig rot lackierten Greifern des riesigen Muttertiers ruft er vergeblich, dieser Sexomaniac: »Nein, bitte nicht, Mutter!« Zu spät. Licht aus und Vorhang.

Wie ich auf so etwas komme? Durch eine Lieblingskarikatur, die ich einfach nicht vergessen kann: sie zeigt eine dicke, fette Henne, die auf einem klitzekleinen Küken reitet. Gestiefelt und gespornt ruft Mama, die Zügel des schwitzenden Kükens fest in den Krallen: »Flieg, mein Kind, flieg, ich hab dich unter Schmerzen geboren!«

Stalin hat schlechte Gedichte über seine grundgute Mamutschka geschrieben, und Hitler ließ sogar den jüdischen Hausarzt aus seiner Braunauer Kindheit an den Leib der todkranken Frau Mutter. Zum Leibarzt hat es nicht gereicht. Mama Schicklgruber war nicht zu retten. Die Welt aber auch nicht vor ihrem Muttersohn mit dem kleinen Bärtchen.

Ich sagte ja, Muttersöhne sind lebensgefährlich.

Von der Antike bis zum heutigen Tag: Leichen pflastern ihren Weg! Dass ich nicht zum Mörder geworden bin, ist vielleicht der dankenswerten Tatsache geschuldet, in unserem Gewerbe Millionen Menschen tödlicher Langeweile aussetzen zu können, aber: aus Langeweile zu töten, ist nicht sendefähig. Manche Showmaster haben natürlich schon mal mit irgendeinem Sendechef eine Leiche im Keller. Die Sender selbst wiederum haben Sende- und Schweigepflicht. Bis die Quote bricht! Ich tat meine Arbeit zwölf Jahre lang im Job des Showmasters, nahm verschiedenartigste Mädchen und Damen in die Arme, wusste aber damals gar nicht, was Liebe ist! Muttersöhne lassen lieben. Daran, meine Damen, sollt ihr sie erkennen. Sie haben nämlich nichts zu vergeben. Das wird sehr gern getarnt durch großzügige Geschenke, die sie den jeweilig begehrten Frauen ihrer Wahl machen. Aufgestapelt ergeben diese bunten Kartons so eine Art Wagenburg, hinter der sich ein kleiner Junge versteckt; der nicht alt werden könnende ewige kleine Bub. Der Muttersohn, der immer wieder nur ruft: »Habt mich lieb!« Und ich sage nur: Vorsicht! Sie sollten nicht lieben, verehrte Damen, wo es eher heißen müsste: Du kannst mich mal gerne haben. Da aber liegt der Hase im Pfeffer. Er kann, wenn man Glück hat, gerade mal »gernhaben«! Lieben aber kann er nicht, der Muttersohn.

Nicht selten weicht das Muttersöhnchen, um überhaupt lieben zu können, in Homosexualität aus! Ich spreche hier natürlich nicht von genetisch bedingter bzw. angeborener Homosexualität. Ich hatte allerdings alle Ingredienzen für eine homosexuelle Liebeslaufbahn: Ich war immer gut zur Mama, spielte die »tolle Tante« und schwärmte für Barbra Streisand. Tu ich immer noch. Reicht aber bis heute nicht zum Drang nach der Umarmung eines Knaben, Bruders, Herrn. Unbewusst wurde ich in den Siebzigerjahren der absolute Liebling einer Schwulenszene, die ich persönlich nie bediente – mangels Homostories. Ich konnte nur mit Homostories dienen. Rückblickend betrachtet muss ich für deutsche Frauenblätter so oft Modell als Mutters Bester auf dem Sofa gesessen haben, dass der ebenfalls auf den Bildern abgelichtete Papa gar nicht so richtig wahrgenommen wurde. Ich war für *Bunte* bis *Bild der Frau* – in einem weicheierwärmenden Printwesen – der kleine Prinz. Dabei war mein Vater vom Typ her so eine Art Lino Ventura. Erst jetzt, mit meinen sechzig Jahren, nähere ich mich mehr und mehr meinem Vaterbild. Manchmal huste ich sogar wie er, dreh mich dann um nach meinem toten Vater, und dann erst fällt mir ein: Idiot, das bist ja du! Sohn eines Vaters und jetzt selber Vater eines Sohnes.

Und denke – einen Opa müsste er jetzt haben, der Kolja, so wie ich ihn hatte. Damals. So einen richtigen alten, zigarrepaffenden Opa. Mit Spazierstock. Und Strohhut. Flanierend.

Anhand von Opa

Anhand von Kolja bleibe ich am Puls der Zeit. Er nimmt meine altmodischen Gedanken auf und ich die seinen. Er geht mit technischem Gerät so selbstverständlich um wie mit Messer und Gabel. Und wenn ich Zigarre rauche, schimpft er. Recht hat er. Aber anhand von Opa rauche ich mich manchmal dem alten Herrn in Gedanken entgegen. Wie die meisten deutschen Männer der Unterklasse rauchte er »Handelsgold«. Zusammengedrechseltes Zeug. Marzipanfarben angemalte Zigarren. Lächerlich im Geschmack. Ich weiß es. Ich hab sie mal ausprobiert. Später, als Opa tot war. Eine Opa-Gedächtnis-Zigarre hab ich geraucht. Neulich wieder. Erst wurde mir sentimental, dann wurde mir schlecht. Auf der Terrasse eines Caféhauses. In Barcelona. Ich hatte einen Schreibstau und wollte der kalten Winteratmosphäre entfliehen. Der Abgabetermin funkelte am Horizont. Barcelona tat mir gut. Inmitten südlicher Atmosphäre stieg in meinen Erinnerungen komischerweise alt-charlottenburger Kolorit nach oben. Ausgerechnet hier. Ich sah eine Straße; dort, wo mein Großvater einst, den Spazierstock schwingend, Rauchwölkchen fabriziert hatte. Bei flottem Gang. Da saß ich also und erpaffte mir meine kleine Knabenhand zurück in die Altmännerpranke. In Opas Hand. Phantasie in Bleu. Anhand von Opa; immer den Zigarrenstumpen im Mund, sehe ich ihn vor mir: Strohhut, Taschenuhr, Spazierstock; so liefen wir über das Charlottenburger Kopfsteinpflaster. Über die Altcharlottenburger Straße, in der sie jetzt die schönen Laternen aus der Gründerzeit gegen Billiglicht eintauschen. Das alte Licht verschwindet. Das gute alte Gaslicht. Opas Lieblingskneipe ist schon längst verschwunden.

Anhand von Opa

Aus der Knabenperspektive ist mir seine silbrige Spazierstockspitze in Erinnerung. Wird es auch bleiben. Immer mit Schwung gegen den Himmel gewippt. Wie eine Fußnote von Fred Astaire auf den Boden gesteppt. Aber der Boden war ein Bürgersteig und keine Showbühne. Und Opa kein Astaire, sondern ein einfacher Mann. Ein Dreher aus Dresden. Tanzschule? Nein. Turnverein! Mit Strohhut, Taschenuhr und Spazierstock, so sind sie am Sonntag in die Kneipe gezogen und später in den Krieg. Der Akademiker neben dem Schlosser, der Bildungsbürger neben dem Proletarier. Sie alle hingen an einem Spazierstock, einer Uhr und einer Zigarre. Ich sehe ein Foto von Thomas Mann und denke trotzdem an meinen einfachen Opa. Diese Collage genehmigte ich mir in jenem Caféhaus in Barcelona. Ich rauchte und dachte an Vater, Väter, Großväter. Thomas Mann hätte sich den Vergleich mit einem einfachen Dreher nicht einmal verbeten, gelächelt hätte er, an seiner Zigarre geraucht und blasiert die Uhr aufgezogen, Taschenuhr versteht sich; vorbeigelaufen wäre er an mir, vielleicht noch mit einem Seitenblick auf den züngelnden Wicht – als Tattoo auf der Schulter der Kellnerin. Der Kellner wär ihm lieber gewesen. Thomas Mann jedenfalls hat jeden Tag drei Stunden lang geschrieben. Prinzipiell. Immer. Und was tat ich? Ich schwänzte meinen Schreiberjob. Saß im Caféhaus. Der Buchabgabetermin stand bevor. Was tat ich? Ich paffte Kringel in die Luft. Rauchkringel in Barcelona. Und dachte an Charlottenburg. Nun zauberte ich eine Null in die Luft. Die Sechs davor habe ich mir ja bereits erarbeitet. Die Drei ist übrigens meine Lieblingszahl. Also hat sie mir das Schicksal gleich zweimal verpasst. Ich werd nicht immer sechzig sein.

Meine Schwester, die ältere, genannt Marina – Gott hab sie selig, lebte einst in Barcelona. Ich musste an sie denken. Dreiundsechzig ist sie geworden. Krebs. Sie war das Aschenputtel der Familie gewesen – damals in den Sechzigern. Musste immer auf mich aufpassen. Auf mich, den Mozart ohne Klavier.

Ich rauchte die Opa-Gedenk-Zigarre zu Ende.

Noch in Gedanken an meine tote Schwester Marina, fiel mir die lebende, Georgina, ein. Aber die lebt nur noch in einem dementen Zustand, den anzuschauen ich mich lange scheute. Ich saß in Barcelona, die Zigarre ging zur Neige, da beschloss ich, zurück nach Deutschland zu fliegen. Ich wollte in die Augen meines toten Vaters schauen. Sie ruhen im Gesicht meiner dementen Schwester.

Ich flog also für einen Augen-Blick von Barcelona in die Vergangenheit meines Vaters. Machte ich das aus Mitleid, schlechtem Gewissen oder nur aus Neugierde auf ein noch zu schreibendes Schlusskapitel? Ich glaube, alle drei Faktoren spielten da zusammen. Meine arme Halbschwester ist achtzig. Lange hatte ich mich davor gescheut, ihrer Demenz ins Auge zu sehen; ins väterliche Auge – durch seine Tochter. Ich konnte es besser, als ich gedacht hatte.

Ich kann Demenz!

Aufgrund des Verfalls der deutschen Sprache, in der wir ja mittlerweile auch sagen, dass »wir Papst können« bzw. konnten, können wir auch Demenz. Können wir? Anhand der Geschichte meiner dementen Schwester, die zu wahr ist, um schön zu sein, komme ich zwei wichtigen Kriterien nach: nicht den Eindruck zu vermitteln, dass unser Altern gar nicht so ein Problem wär. Es ist eins. Entweder für dich oder für die anderen. Wir können Demenz! Am besten übrigens, wenn wir fröhlich vor uns hin sabbern, rülpsen, schreien und weinen, und die anderen müssen es ertragen. Wir selbst aber – wenn wir »Glück« haben – wissen es dann nicht mehr besser. Und das ist Pech – aber nur für die anderen.

Meine Halbschwester Georgina ist so ein Fall. Ich habe mit ihr keine längere Lebenszeit verbracht, und deshalb habe ich sie auch halbherzig in den letzten Jahren vernachlässigt. Leider. Nun saß ich vor ihr. Aus Mitleid. Und reinem Egoismus. Ich wollte in die Augen meines Vaters schauen. Sie schienen mir immer identisch. Sogar jetzt, da der Optimismus aus ihren Augen gewichen war, den Augen unseres Vaters, hatte ich ein Déjà-vu. Ich sah die erloschene Hoffnung in ihren wie in seinen Augen; wie damals, als Vater starb. Oder genauer … sich auf den Weg gemacht hatte zu sterben, und wir den Wanderer aufzuhalten versucht hatten. Durch Medikamente. Nachtwachen etc. Der übliche Verzögerungsprozess des Unausweichlichen; womit wir wieder beim Egoismus wären.

Da saß ich also. Im Pflegeheim meiner Schwester. Und Barcelona war weiter als Malta von Jalta. Ich aber – zu meiner größten Überraschung – meiner halben Schwester so nah wie nie zuvor.

Sie war mir oft auf den Wecker gegangen, sie, die vom Vater zurückgelassene Tochter; die uns das immer wieder spüren ließ, uns andere Geschwister; und es ihm nie verziehen hatte, noch einmal geheiratet zu haben. 1945! Verständlich: Papa kommt aus dem KZ zurück, die Tochter freut sich, und was macht er? Anstatt die Mami wieder ganz doll lieb zu haben, heiratet er so eine wildfremde Frau (meine Mutter).

Das alles war nun vergessen. Sowohl von meiner Schwester, der armen halben, als auch von mir; in diesem Moment; jener Stunde, als wir nichts voneinander wussten. Denn du kannst ja alles vergessen, wenn du einer voll dementen Person gegenüber sitzt, Fremde in dem Moment, und eventuell, durch Intuition, die richtigen Signale sendest. Wie Morsezeichen. Zum fremden Schiff. Auf dem sie jetzt war. Meine Schwester. Sie hörte die Signale, Worte. Erinnerungsworte, da ich mich nun für sie erinnern wollte. Die Fremde überwindend. Was geschah? Sie, die seit Monaten geschwiegen hatte, sprach nicht etwa plötzlich. Nein, sie sang! Und zwar alles sang sie. Wie Rezitative in Opern. Die Gedanken zwischen den Arien. Nicht mehr fähig, die Worte zügig zu Sätzen werden zu lassen, war ihr die Musik geblieben. Ihre Musik. Nicht sendefähig für Wunschprogramme. Aber ihrem Wunsch entsprechend, sich zu äußern, sang sie. Zu unser aller Erstaunen; beantwortete also meine Fragen. Singend. Ehemann, Sohn, Krankenpflegerin, alle sprachlos – als meine Schwester sang.

Und sie war keineswegs einst Sängerin gewesen, in ihrem gelebten Leben. Radiocutterin war sie. Nach dem Krieg. Beim »Berliner Rundfunk«.

Ich sang ihr eine Melodie ins Ohr: »Ich hab so Heimweh nach dem Kurfürstendamm«, und erwähnte schöne Reizworte, um ihr Erinnerungsvermögen zu aktivieren. Sie summte prompt zurück; wenngleich auch keine ansatzweise ähnliche Melodie; eine Melodie des Todes war es aber auch nicht; in ganz konkrete Noten war er nicht zu fassen, dieser Singsang. Und doch: ich war ganz Bruder ihr geworden. Ihr, der wieder zum Baby zurückverwandelten Frau. Mit den Augen meines Vaters. Unseres Vaters.

Ich ging an diesem Tag sehr still nach Hause. »Nach Hause« heißt im Falle eines Schauspielers ja meist »Hotel«. Und Heimat? Das Theater! Wechselvolles Heimatleben.

Nach der Theatervorstellung überreichte mir mein Neffe – jener Sohn der halben Schwester, die mir ganz nah gekommen war – in jener Stunde, »da wir nichts voneinander wussten«, Gedichte. *Nicht* Handkes! Auch wenn das eben zitierte Theaterstück von ihm durchaus unserer Sprachlosigkeit gleichkommt. In einem Wust von Worten kommen oft nur noch die Weltentrückten klar. Sie schweigen. Meine Schwester sang. Und wusste nichts von den Gedichten ihres Vaters. Oder wusste es nicht mehr. Und hat vielleicht auch nie davon erfahren, als sie älter war. Vielleicht, weil ihre Mutter nichts mehr preisgegeben hatte aus ihrem abgehakten Leben mit dem Häftling, der nicht in ihre Welt passte. Und das kam so (mein Vater hat mir das einmal erzählt, als ich ein kleiner Junge war):

Seine damalige Ehefrau besuchte ihn 1935 im Gefängnis. Kurz nach seiner Verurteilung war das. »Wegen Vorbereitung zum Hochverrat«. Nun saß sie vor dem »Hochverräter« und fragte ihn, ob er mit all dem aufhören würde, wenn er wieder draußen wäre. Darauf mein Vater: »Nein! Ich sitz doch nicht hier drinnen, um draußen damit aufzuhören, weshalb ich hier sitze.«

Für seine zweieinhalb Jahre alte Tochter hatte er zärtlichere Worte;

nach über dreißig Jahren übergab mir der Sohn von Georgina (also mein Neffe) alte Briefe und Postkarten aus dem Gefängnis und aus dem KZ.

»Meinem Kinde«

»Georgina, kleines Mädchen,
bist mein wärmster Sonnenschein,
schaust mit Deinem frechen Näschen,
heut schon in die Welt hinein.«

Gewiss. Das ist von der Wortwahl und dem naiven Stil eher inspiriert von der Gartenlaube, auch wenn Papa revolutionären Ideen nachhing. Wilhelminische Kleinbürgerromantik haftet ja sogar an großen Denkern jener Zeit. Als Kinder ihrer Zeit konnten sie nicht den Staub vergangener Jahrhunderte einfach aus den Kleidern schütteln. Mein Vater schüttelte sich bestimmt diesen Vers nicht einfach aus dem Ärmel. Noch war es kein Sträflingsärmel, sondern wahrscheinlich zivile Kleidung, die er da trug – in jenem November 1935. Als Untersuchungsgefangener in Berlin-Moabit. Bald wird er eine ganz andere Kluft tragen. Erst die Zuchthauskluft und dann den berühmt-berüchtigten gestreiften KZ-Drillich. Sommers wie winters als Einheitskleidung.

Noch aber gibt er, nicht ohne Trotz und nicht ohne Stolz über ein Kindergedicht, seiner Ehefrau zu verstehen, dass er sich in seinem Tun nicht geirrt habe, wenn er dann abschließend schreibt:

»Und wenn Du die Mutti fragst,
sag mir doch, weshalb, – warum.
Spricht sie:»Vorahnung, – mein Kind,
Papi – – – war bloß halb so dumm – !«

Ich habe alles bis hin zur Interpunktion so belassen, wie es auf dem mit Beistift geschriebenen Papier von meinem Vater einst aufgeschrieben worden ist. Nicht die Worte machen mir das Herz so schwer, es sind die drei Gedankenstriche zwischen »Papi« und »war«.

Ganze Wahrheiten an meine halbe Schwester. Geschrieben von einem Mann, der nicht davon ausging, dass ein zweijähriges Kind mit dem Wort »Vorahnung« etwas anzufangen weiß. Aber seine Frau wusste.

Hier kriselt eine Ehe, eine junge noch dazu. Eine Vernunftehe vor allem. Mein Vater hatte zuvor, am 30. September 1935, in einem Gedicht das Wort »Mut« noch recht optimistisch zur Überschrift gemacht ...

gefolgt von den aufmunternden Zeilen:

»Es drückt uns Sehnsucht und Verlangen,
dahin, wo man gewaltsam schiebt,
doch Schicksal ist nicht zu erlangen,
just so, wie man es grad beliebt.«

Liebe Leserinnen und Leser, mir ist nicht bekannt und auch nicht mehr recherchierbar, ob die weiteren vier Zeilen vor oder nach der Aussprache über eine Scheidung geschrieben worden sind. In jedem Falle sind sie, wenn auch nicht hochliterarisch, so doch von dunkler Natur, getrieben und geschrieben von einem ursprünglich so positiven Geist; einem hoffnungslosen Optimisten ...

»Nacht – wunderbare, schöne Nacht, Du kommst so leise,
und drückst uns Deiner Sterne schimmerndes Gefild
auf unser, ach – so kummerreichen Zeits Gebild,
und gibst so Nacht für Nacht, all unseren Sorgen weite Reise ...«

Allzu weit ging die Reise nicht, nachdem das Urteil gesprochen worden war. Sechseinhalb Jahre Zuchthaus wegen Vorbereitung zum Hochverrat in einer Untergrundgruppe. Das Ziel hieß Zuchthaus Luckau. Zu meinem großen Erstaunen darf ich aus einem der Briefe entnehmen, dass es meinem Vater im Zuchthaus, zumindest eine Zeit lang, besser erging als im Untersuchungsgefängnis in Moabit. Dies entnehme ich den Zeilen: »Hier ist es Gott sei Dank nicht wie in Moabit, unser Pfarrer, der die Postzensur hier hat, sorgt dafür, dass wir unsere Post immer schnell bekommen. Und später im KZ? Die nur noch im engen Postkartenformat zu versendenden Worte lassen für Privates kaum noch Raum. Heute wissen wir mehr über das Innenleben eines KZs. Jetzt geht's um's blanke Überleben. Also bittet man dringlich um Lebensmittel, Rasierpinsel oder Schaftstiefel. Denn »der Weg zu unserer Werkstatt ist schlecht, und über Tag habe ich öfter einen Gang zu erledigen, bitte schickt sie mir darum bald, hier ist Lehmboden.«

Besonders erschüttert hat mich der Satz auf einer dieser Karten aus einem Inferno: »… ich freue mich sehr, daß Du nun endlich glaubst, daß es mir gut geht, und bald bin ich zuhaus.«

Zensur treibt eben grausame Blüten.

Mein Vater ist zweimal aus dem Konzentrationslager geflohen. Einmal nach Berlin, hinein in die Höhle des Löwen. Er wurde wieder gefasst. Und ein zweites Mal aus eben demselben Lager in Esterwege, das durch den Roman von Wolfgang Langhoff, »Die Moorsoldaten«, berühmt geworden ist, nach Holland. Dort hat sich mein Vater ein Jahr lang aufgehalten. Illegal. Bei kommunistisch-jüdischen Familien. Keine dieser Familien hat überlebt, denn jüdisch und kommunistisch, das war zu viel! Dennoch scheint mir, trotz traurigem Hintergrund, folgende Geschichte erzählenswert, die ich von meinem Vater erzählt bekommen habe; mein Vater als Deutscher unter Holländern beschrieb Folgendes:

»Es wimmelte von Kindern, es war eine sehr proletarische Familie. Absolut links und dennoch ganz anders als wir deutschen Kommunisten. Eines Tages putzt die Mutter die Kinder besonders heraus, man zieht sich die besten Sachen an. Dann wird ein Fähnchen auf den Kinderwagen

gesteckt. Es ist die holländische Fahne. Und als ich meine kommunistischen Freunde fragte, was denn das werden solle, antworteten sie entrüstet: ›Na, hör mal! Heute hat unsere Königin Geburtstag!‹«

Anhand von Kolja lerne ich etwas über die Gegenwart. Anhand von Vaters Briefen aus der Vergangenheit. Zum Beispiel, in heutigen Zeiten mehr Gelassenheit walten zu lassen. Bedrohlich durch manches und doch einmalig in ihrem Frieden. Hier bei uns.
Wenn ich mir aber die Briefe meiner Oma betrachte, Zeilen einer einfachen Frau, geschrieben an ihren nicht so einfachen Jungen im Gefängnis und Zuchthaus, spüre ich etwas vom weiblichen Prinzip. Ob gebildet oder ungebildet. So schreibt eben nur eine Frau:

»*Nun, mein lieber Junge, möchte ich eins wissen, weshalb den vierzehntägigen Besuch, (hier fehlen ein paar Worte, ich nehme an, dass es sich um einen gestrichenen Besuch durch die Gefängnisleitung handelt) – was hast Du Dir wieder zu Schulden kommen lassen, es ist doch schrecklich, was Du alles durchmachen musst und wofür, wer dankt Dir das, niemand. Und Deine Frau und Kind warten auf Dich und hoffentlich nicht vergebens. Und wo bleibe ich? Ach, ich darf gar nicht daran denken.*«

Da stockte mir dann doch der Atem. Nein, Literatur ist das nicht, aber einfache Gedanken einer Frau über ein sehr kompliziert gewordenes Leben im Berlin der Dreißigerjahre. Wie liebenswert – zum Abschluss dieses Kapitels noch ein Weihnachtsbrief, in dem genauestens die Puppenstube vorgestellt wird, die für »Pumpelchen«, das ist Georgina, die Tochter meines Vaters, hergestellt worden war, mit der Erwähnung: »*Mit fließendem Wasser!!*«

Und dann noch die Erwähnung einer Danziger Tante, die für den Atheisten, also meinen Vater, beten will. Zitat: »*… daß Du dort bald erlöst wirst, wenn Du auch nicht dran glaubst, aber wir*«, sagt sie, »*denken doch alle anders als Du.*«

Die späte Post aus dem früheren Leben meines Vaters hat mich ziemlich durcheinandergebracht. Kurz vor dem Absenden dieses Manuskripts für den Verlag erreichte mich ein ganz anderes Manuskript in der Berliner Wohnung. Eine englische Liebesgeschichte, Titel: »Alte Herzen rosten nicht«. Mit deutschen Schauspielern, die dann meistens in diesen Sujets Engländer spielen. Die Deutschen lieben das … Habe ich Ihnen schon erzählt, dass mein Vater, knapp einundsiebzig, kurz nach seinem schweren Schlaganfall plötzlich Englisch sprach? »It's cold, it's cold«, sprach mein nicht Englisch sprechender Vater; ich öffne den Umschlag des Fernsehsenders, und anstatt mich auf die wunderschöne Rolle zu konzentrieren, brabbel ich vor mich hin: »It's cold, it's cold.« Dann sehe ich auf die Besetzungsliste und entdecke einen Namen. Den Namen einer sehr bekannten Schauspielerin. Ich entdecke in der Geschichte, dass ich mit ihr Tandem fahren werde. Tandem in Cornwall. »Das klingt aber sehr nach Frau Pilcher!?«, sagte Anna, als sie mir über die Schulter sah. »Stimmt«, sagte ich, legte das Manuskript zur Seite und erzählte ihr, wie es einst dazu kam, dass genau diese Schauspielerin meinen sterbenden Vater zum Weinen gebracht hatte: »Weißt du, ich habe immer nur Plattenstars präsentiert, aber nie welche produziert. Bis auf dieses eine Mal mit der Platte ›Riekes Jesänge‹. Mein Vater war entzückt. Das gefiel ihm, dem alten Berliner. Sein Sohn als Produzent von Berliner Chansons der Zwanzigerjahre …« Nun stockte ich, denn das zapfte mein Gemüt an. »Mein Gott, Anna, ich muss noch die Rolle lernen, der Verlag wartet auf mein Manuskript, Kolja hat Masern, und ich erzähl dir hier …« – Anna setzte weiter fort: »Ganz recht, du erzählst mir hier und jetzt die Geschichte zu Ende. Die ganze Geschichte von deinem nicht Englisch sprechenden Vater, der plötzlich Englisch sprach. Und von der singenden Schauspielerin.« – »Also gut«, sagte ich, »mir geht halt gerade durch den Kopf, weshalb mein Vater so geweint hat, als ich ihm die Plattenhülle von der Rieke vor's Gesicht hielt. Ich glaube, das war die Erinnerung an Musik aus der Vergangenheit. Gelebtes Leben. Nicht mehr fassbar in Worten. Abschiedslieder. Seine Lippen konnten sie nicht mehr singen. Aber fühlen konnte er sie vielleicht noch.« Anna nickte. »Vielleicht«, dann ließ sie mich mit meinen Gedanken diskret zurück, und ich dachte an meine Schwester Georgina. An meine sprachlose Schwester. Wenigstens singen konnte sie noch.

Abschied

Sie können nicht immer achtzig sein! Wollen es vielleicht auch nicht um jeden Preis! Aber wir können schon froh darüber sein, wenn wir noch wissen, wie alt wir überhaupt gerade sind. Wenn wir Männer zum Beispiel unsere Ehefrauen erst einmal mit einem Hut verwechseln (wie in dem erschreckenden Bericht von Oliver Sacks), können wir ihn auch gleich nehmen, unseren Hut, und gehen; aber man lässt uns (vielleicht) nicht. Dank Medikamenten und Nachtwachen und einer über dich wachenden Familie; nicht zu vergessen Dank ärztlicher Hilfe. Seit die Nazis die Euthanasieprogramme so konsequent durchgezogen haben, bis der Schwur des Hippokrates jeglichen Sinn verloren hatte, sind Ärzte in Deutschland besonders vorsichtig im Umgang mit Abgängen. Beziehungsweise mit dem Erhalt von Leben um jeden Preis!

Ich hatte das großzügige Angebot der Ärzte anno '79 gar nicht richtig zu würdigen gewusst. Was war geschehen? Nach mehreren Schlaganfällen und einem Ausfall der entscheidenden Gehirnzentren, die erst die Sprachfähigkeit und dann recht bald das Erinnerungsvermögen auf null setzte, hatten die Ärzte uns angeboten, die Geräte nun abzustellen. Jene Maschinen mit den lebenserhaltenden Chemikalien. Rettung für viele und tödliche Verlängerung für manche. Ich lehnte ab. Meine Mutter und ich lehnten es strikt ab. Ich bereue das heute! Wir hätten die Maschinen ausschalten sollen. Das ist weder gegen die Schöpfung noch die kleine Euthanasie für den Hausgebrauch. Das ist schlicht und ergreifend: praktizierter Humanismus! (Einsatz des Chors der Anständigen und der Empörten: »Das ist Sünde, Sünde, Sünde!« – Gut, dann sage ich es mal vorsichtiger:)

Solange meine halbe Schwester – so wie ich sie erleben durfte – singend reagiert oder stumm ist, ist das immer noch ihr Leben! Und solange sie wie ein Baby isst und trinkt – mit beiden Händen, als hätte sie noch nie eine Gabel, geschweige denn ein Messer gesehen, mag das anzuschauen ein ästhetisches Grauen sein. Und doch ist dies alles noch lebenswert für meine Schwester; das alte Baby lebt mit ihren eingeschränkten Sinnen. Seien wir also gute »Eltern« für die, die selbst einmal unsere Eltern waren. Ob gut oder schlecht – es zählt nicht, wie wir sie finden, sondern wie wir sie vorfinden: als unsere zu kleinen Brüdern und Schwestern gewordenen Eltern und Anverwandten. Kinder eben. Alte Babies. Manchmal. Wenn sie gehen wollen – tief schlafend bereits – oder von Schmerz so unvorstellbar schwer geplagt, dass keine guten Worte mehr von uns Linderung schaffen, lasst sie gehn. Lassen wir sie einfach gehen! Es ist schwer genug. Gewiss, ein orthodoxer Christ schreit auf, auch orthodoxe Juden haben mit dieser Interpretation von »Gehenlassen« Schwierigkeiten. Aber in Absprache mit den Ärzten, den ohnehin sehr engen Spielraum zu nutzen, sollten wir unbedingt hellwach sein. Hellwach in der Stunde der Dämmerung unserer Lieben. Es könnte morgen unsere sein.

> *»So legt euch denn, ihr Brüder,*
> *in Gottes Namen nieder;*
> *kalt ist der Abendhauch.*
> *Verschon uns, Gott! mit Strafen,*
> *und lass uns ruhig schlafen!*
> *Und unsern kranken Nachbar auch!«*

Gewiss: Matthias Claudius hat, als guter Christ, das natürlich nicht so gemeint. Aber ich mein das so! Ich bin ja auch kein Christ! Geschweige ein guter; vielleicht aber auch nicht der schlechteste; also Mensch, meine ich! In Percy Bysshe Shelleys folgendem Abschiedsgedicht legt sich ein Mensch weder christlich noch atheistisch zur letzten Ruhe.

Ich leg mich nieder wie ein müdes Kind
und weine fort des Lebens Qual und Plage
die ich so lange trug
und weiter trage
bis einst der Tod wie Schlaf sich zu mir stiehlt.
Mein Leib erstarrt im warmen Sommerwind
und ich noch höre wie das Meer am Strande spielt
und dann sein altes Lied verhaucht
in meine letzte Klage.

Oder wie wäre es mit Georg Kreisler:

»Was hast Du eigentlich Dir vorgestellt?
Hast Du Dein Leben bis zum Schluss gedacht?
Wie hast Du Dir den letzten Kuss gedacht?
Die Fragen stellt der Lehrer.
Die Antworten sind schwerer.«

Auf der Suche nach dem verlorenen Vater

Gleich vorab ein Wort an meine Artgenossen zwischen fünfzig und sechzig aufwärts:

Haben Sie noch einen Vater, dann danken Sie nicht Gott, sondern Ihrer werten Frau Mutter, und seien Sie ausnahmsweise mal mit ihr zufrieden; Ihre Frau Mama hatte zwar garantiert nicht an Sie persönlich gedacht, als sie Ihren zukünftigen Papa kennenlernte. Es sei denn, dass diese Frau bereits vor der Hochzeit Sie – gewissermaßen als Bauchentscheidung – schon mit sich herumtrug. »Mein Bauch gehört mir« hieß der berühmte Kampfslogan gegen den Abtreibungsparagraphen 218. Vom Kopf war nie die Rede. Allein aus dieser Dankbarkeit heraus, dass Ihre Mama mit dem Kopf »Ja« sagte zu Ihrem Herrn Papa und mit dem Bauch: »Na, nu komm schon!«, wird Ihnen dies ewige Dankbarkeit abfordern. Vom Muttermund bis ins kühle Grab. Dagegen erblasst nicht selten im Laufe eines Lebens das Bild des Vaters. Auf der Suche nach ihm, werden Sie vermutlich so zwischen fünfzig und sechzig feststellen: Als er da war, wurde er unterschätzt, als er weg war, überschätzt. Überschätzung hat etwas mit unserem schlechten Gewissen zu tun. Während ihrer Jugend präsent und aus Fleisch und Blut, ging er in allgemeiner Alltäglichkeit unter, der Vater. Das muss nicht unbedingt immer nur an seiner dominanten Ehefrau liegen. Sprich: Königin Mutter! Das kommt in den besten Familien vor. »Der Papa wird's schon richten« – in dieser durch Peter Alexander verewigten musikalischen Liebeserklärung an den Familientrottel vom Dienst steckt schon die ganze Problematik: Als familiärer Prophet nicht richtig ernst genommen, wenn er zum Sohn sagt: »Das wird dir noch leidtun, wenn ich nicht mehr bin«, setzt die Trauerarbeit für ihn, den manchmal Unterschätzten, sehr, sehr spät ein. Wir haben ja nicht die Begabung von Reinhard Mey, der seinem Vater eines der schönsten Erinnerungslieder widmete, die ich aus der Gegenwartsunterhaltungskunst kenne. Es geht in diesem Lied scheinbar nur um das Butterbrot, das der Vater von der Arbeit wieder heimbringt. In einer Blechdose. Mit einem Gummiband darum. Lyrisch verpackt entpuppt sich das Chanson als Liebeserklärung an den Vater. Bei mir war das ein bisschen anders. Mein Vater kam nicht vom Büro nach Haus, packte seine kleine Silberbüchse aus und gab mir das übrig gebliebene Butterbrot, das mich glücklich machte, so wie das Reinhard Mey so wundervoll poetisch und anschaulich besingt. Mein Papa war immer da. Und da man den Wald vor lauter Bäumen oft nicht sieht, hab ich diesen starken Baum sehr lange übersehen. Das lag vielleicht an seiner Bescheidenheit und meiner Krankheit der Jugend: Unbedarftheit und dem Gefühl, dass das Leben endlos ist. Ich hatte auch nicht mit einem Übervater zu kämpfen wie Franz Kafka, der es fertigbrachte, einen hundert Seiten langen Brief an seinen Vater zu schreiben, den er dann aber doch nicht abschickte. Heute ist es Weltliteratur. Wie gesagt: wenn du einen ganz normalen Vater hast, so danke – wem auch immer – und sei froh, dass dir der Übervater erspart blieb.

Der Mensch ist nun mal ein sentimental zurückblickendes Tier. Und so neigt man dann im Rückblick dazu, den Fortgegangenen extrem positiv zu überzeichnen. Diese menschliche Eigenschaft macht sich besonders im neunzehnten Jahrhundert in der Kunst verlogener Denkmäler breit. Auf dem Salzburger Domplatz sieht Mozart aus wie Schiller. Und vor dem Weimarer Theater sehen Goethe und Schiller aus wie die Gebrüder Grimm. Gute Väter? Alles Märchen! Manche Söhne leiden also am berühmten Übervater.

Wolfgang Amadé litt eher an der subalternen Natur des Alten. In seiner Karriere nie so richtig vorangekommen, setzte Leopold autoritär beim Sohn um, was ihm selbst nicht gelungen war: Karriere zu machen. Er brachte dem kleinen Wolfgang das Klavierspielen bei. Menschlich konnte er ihn weniger gut begleiten. Mozart kompensierte diesen Kampf mit dem Vater durch schwülstige, lügenreiche Briefe an ihn und ein übersteigertes Selbstbewusstsein, mit dem er seine Komplexe überspielte. Nicht nur am Klavier. In jedem von uns ist dieser kleine Mozart. Auch ohne Klavier. Woher Genie nehmen, wenn nicht stehlen! Nehmen Sie nur Dieter Bohlen! Sehr erfolgreich mit dem alten Witz unterwegs: »Ist diese Melodie von Ihnen?« – Antwort des Komponisten: »Noch nicht!«

Mein Vater war kein Genie. Noch nicht! Oder vielleicht ist er's jetzt! »Es kommt nichts weg«, sagte Wolfgang Neuss. Diesen Satz gab ich mir selbst zum Trost am Grabe meiner Eltern und gebe ihn gern immer wieder tröstend weiter, wenn es an's Abschiednehmen geht. Es kommt nichts weg. Vielleicht ist mein Vater heute mit Erfreulicherem beschäftigt als mit dem damaligen Ertragen meiner Sohnemann-Karriere. 1979 starb da ein Vater seinen unspektakulären Tod. Nur von meiner Mutter registriert und von uns Kindern. Am Ende seines Lebens, also kurz vor dem Schlaganfall, meinte er bitter: »Ich hab die Nase voll. Von euch allen! Ich hau ab!« Da war er knapp siebzig und wollte nach Spanien zu seiner Tochter Marina. Er hatte das untergeordnete Dasein im Schatten des Sohnes und einer ihm abhanden gekommenen Ehefrau, die hauptsächlich mit der Karriere ihres Ersatzmozarts beschäftigt war, endgültig satt. Ich glaube, auch wenn der Schlaganfall nicht seinem Leben ein Ende gemacht hätte, wäre Spanien als Fluchtpunkt nie von ihm umgesetzt worden. Wie oft hatte der alte Mann die Koffer gepackt und gesagt: »Ich gehe!«, um dann an der nächsten Straßenecke noch mal wieder ein neues Päckchen Zigaretten zu kaufen, eventuell noch einen Kaffee zu trinken und dann verlegen bis missmutig wieder umzudrehen. In Richtung Küchendienst. Hatte ich erwähnt, dass er neuneinhalb Jahre Zuchthaus und KZ überstanden hatte? Uns als Familie aber nicht. Karl Kraus, der große Wiener Publizist, brachte es auf den Punkt, als er schrieb, man müsse das Wort »Familienbande« einfach wörtlich nehmen, dann käme man dem Begriff sehr nah.

So starb also mein Vater mit einer, wie ich im Rückblick finde, überdurchschnittlichen Biographie einen unauffälligen Tod. Im Krankenhaus natürlich. Der Tod ist zwar keine Krankheit, sondern so etwas Normales wie das Leben, aber gestorben wird heutzutage mehr denn je im Haus der Kranken. Was ich kurz nach Vaters Ableben hörte und immer noch im Ohr habe, ist dieses fröhliche Vorsichhinpfeifen der Krankenpflegerin. Sie öffnete die Fenster des Todeszimmers und zog die Bettlaken ab. Mein Vater, gerade erst gestorben, war den Weg alles Irdischen gegangen – liegend – und am Ende, wie sich das für einen zivilisierten Toten gehört: mit einer Kennzeichenkarte am Zeh. Damit es im Kühlhaus keine Verwechslungen gibt. Die Krankenschwester pfiff. Damit will ich nicht sagen, dass sie auf meine Trauer gepfiffen hat. Nein, der gespitzte Mund ließ ein »O la paloma blanca« entgleiten, und mir fiel aus Verzweiflung kurz darauf die Pointe ein: »Der nächste Tote, bitte!« Na gut, werden Sie vielleicht sagen: dieser Richter hat einfach zu viel Muttersohnleben gelebt und dabei die Vatertage verpasst. Darauf kann ich nur sagen: Ich war ein Muttersohn – aber ob Muttersohn oder nicht, du bist ja immer nur solange Sohn, wie die Eltern leben; mit deren Ableben stirbt ja auch der Part des Sohnes oder der Tochter. Das ist so simpel wie überraschend. Mein alter Freund Franz Joseph Hall, Schöngeist und Schuldirektor, hat das einmal zu mir gesagt, und ich glaube, er hat recht. Man verliert die Position Sohn oder Tochter nicht wie jemand, der, sagen wir mal, seinen Doktortitel verliert, weil er abgeschrieben hat. Was du als Sohn deinem Vater gegenüber getrieben hast, hast du dir selbst zuzuschreiben. Die Trauerarbeit, Abschied vom geliebten Menschen zu nehmen, ist das eine. Der Abschied von dir selbst als gewesenem Kind ist das andere. Und dies birgt viele Kapitel der Verlorenheit in sich.

Auf der Suche nach dem verlorenen Kind hat sich Marcel Proust bekanntlich mehr auf die Mutter und die Beschreibungen seines Dienstmädchens Celine verlassen; gewiss, da war der geniale Dandy bereits bettlägerig und auf die Beschreibungen von intelligenten Dritten angewiesen. Herausgekommen ist erstklassige Weltliteratur. Geschrieben aus dem Schmerz heraus. Aber Prousts Krankheit begann schon, als er gesund war. (Damit wären wir allerdings wieder beim Thema »Muttersöhne küsst man nicht«, und das ist ja ein ganz anderes Kapitel, siehe Seite 45.

Wenn die Mutter stirbt, haben sich Sohn und Muttersohn alles gesagt. Oft manch ein Wort zu viel. Da blieb kein Platz mehr für ein letztes Geheimnis. Das »Paar« ist erschöpft. Das Herz des Muttersohns ist wie ein Schwamm. Ausgewrungen vom Mutterherz. Der Junge ist gewissermaßen »trocken«. Wenn wir nun Hetero-Männer ins Visier nehmen, müssen wir feststellen: fast alle sagen nach dem Ableben des alten Herrn den klassischen Satz: »Ich hätte ihm so gerne noch gesagt, wie leid mir dies und jenes tut«; das hat natürlich alles mit einem erfrischend normalen schlechten Gewissen von uns Söhnen zu tun. Die Verfügbarkeit des Vaters, diese Alltäglichkeit des »Der Papa wird's schon richten«-Typus, erreicht allerhöchstens eine verschlagerte sentimentale Note! Aber der Peter-Alexander-Song dauert drei Minuten dreißig, und das ist nichts gegen deine verlorene Zeit mit dem Herrn Papa. Denn auch als Nicht-Muttersohn, und damit in einem »gesunden« Verhältnis zum väterlichen Freund und Ratgeber in deiner Pubertät, oder als fußballbegeisterter Kumpan ist und bleibt das Spielfeld für Vater und Sohn kein so weites, wie das gern von Herrn Fontane formuliert wird. Der dichtende Apothekersohn hat alle seine väterlichen

Figuren in Romanen wie *Effi Briest* bis hin zum *Stechlin*, nach anfänglich brandenburgischer Gelassenheit peu á peu entkleidet. Lauter armselige, nackte Jämmerlinge. Kein Wunder – Fontane kannte die Enge von Neuruppin. Mögen sie ihn dort heut feiern, ihren berühmtesten toten Bürger, damals wollte Theodor einfach nur raus aus dem Mief. Fragen Sie seine Biographen nach den Nebenwirkungen des Apothekers. Gewiss: auch hier gilt wieder für uns »stinknormale Kerle«: wir heißen nicht Fontane, und unsere Wanderungen machen Brandenburg nun auch nicht mehr zu dem, was es mal war: unterschätztes armes Land. Die hinter Berlin liegende sogenannte Streusandbüchse Preußens war zu Zeiten Fontanes durch die von Goethe und seinen literarischen Kopisten hochstilisierte Italiensehnsucht und Südentheatralik völlig bedeutungslos. Noch! Für Brandenburg galt: schlechte Küche, schlechte Straßen, arme Leute. Bis Fontane diese wunderbaren Bücher schrieb, in denen aber immer wieder schwache Väter mit preußischem Tamtam ihre Charakterschwäche tarnen. Es wimmelt nur so von Duellen, weggeschickten ledigen Müttern und Kraftmeierei.

Mein Vater liebte Fontane. Er selbst war auch so ein Stück personifiziertes Mark Brandenburg. Geboren in Fürstenwalde; erst jetzt, um die sechzig herum, spüre ich in mir mehr und mehr seine preußische Vaterseele. Nicht durch ein Hacken-zusammenknallendes »Zack-zack« wie es einst Hubert von Meyerinck in den Nachkriegsfilmen von Kurt Hoffmann so herrlich karikiert hat. Erinnern Sie sich an »Das Wirtshaus im Spessart«? oder »Das Spukschloss im Spessart«? Letzterer Film war, satirisch gesehen, eines der wenigen Glanzlichter im ansonsten schwulstig-triefenden Nachkriegs-Kintopp. Mein Vater liebte diese Spessart-Filme und erinnerte mich daran, dass Hubsi als preußische Knallcharge eines Herrn »Zack-zack« durchaus dem einst realen »Donnerwetter, Donnerwetter, wir sind Kerle«-Ton entsprach. Zwar etwas überhöht und durch von Meyerinck zu einer Simplicissimus-Charge hochstilisiert, dennoch: der preußische Ton zieht sich – nach meinem Gehör für Töne – vom Kaiserreich bis hin zu unserer Bundesrepublik. Wir kommen von unseren Vätern nicht los. Auch nicht von unseren Urgroßvätern. Neulich habe ich im Radio eine Collage von Neujahrsreden unserer Bundespräsidenten im Wandel der Zeiten gehört. Da hat sich aber inhaltlich wenig gewandelt und verwandelt. Es handelte sich um eine Aneinanderreihung von Worten, in denen die Begriffe Pflicht und Treue fröhliche Urständ feierten. Natürlich sagt ein Bundespräsident als Überlandesvater nicht zu seinen Bürgern und Mitbürgerinnen: »Üb immer Treu und Redlichkeit bis an dein kühles Grab.« Aber der deutsche Geist unserer Väter in seiner ganzen unmusikalischen Art wärmt sich immer noch an preußischen Kaminen auf. Und wenn die Kamine auch nur elektrisch betrieben sind und gefälschtes Kaminfeuer erzeugen. Egal. Zack-zack. Für lange Sätze von Fontane haben wir keine Zeit mehr. Das ist Altherrenlektüre. Natürlich ist es das nicht! Aber der Zeitgeist gaukelt uns das vor.

Mein Vater, ein literaturverrückter Mann, der sich aus kleinbürgerlichen Verhältnissen versucht hatte hinauszulesen – hinaus in eine »bessere Welt«, er freute sich immer wieder, wenn im Deutschen Bundestag Geist herrschte. Heute herrschen dort geistlose Ghostwriter. Manche kommen vielleicht aus der Werbebranche. Ein verstümmelter Satz wie: »Der kann Kanzler«, leider Gottes nicht von einem PR-Mann, sondern von Ex-SPD-Chef Müntefering ins arme Wortreich gesetzt, gilt heute als fest verankerte Redensart. Wird auch gern variiert. Ich habe allerdings noch niemals nach der Geburt eines Kindes gehört, dass eine Ehefrau über ihren Gatten lobend sagte: »Der kann Vater!« Seit Ratzinger, dem überholten Übervater aller Katholiken, wissen wir dank einer überdimensionalen Zeitung, deren Bilder ich selten lese, dass wir auch Papst konnten.

Als Jäger des verlorenen Wortschatzes werde ich immer wieder fündig. Auf der Suche nach meinem verlorenen Vater gibt es neben meiner Trauer um die verloren gegangene Zeit und den nie gestellten Fragen auch noch eine andere Sehnsucht: die Sehnsucht nach dem Geist unserer deutschen Verfassungsväter. 1945 kehrte mein Vater aus dem KZ heim und konnte das Wort »Heil« höchstens noch in Zusammenhang mit »Heilbad« oder »Käthchen von Heilbronn« ertragen. Mit dieser Sensibilität für unschöne Worte stand er als Außenseiter am Rand da. Als Überlebender dachte er an eine neue, bessere Welt. Das ist natürlich relativ. Die ehemaligen Nazis wollten keinesfalls eine Demokratie – bekamen sie aber. Mein Vater wollte einen demokratischen Sozialismus – und bekam eine Küchenschürze! Von Mama! Kurze Zeit kommunistischer Bürgermeister in Reinickendorf, wurde er nach den ersten freien Wahlen selbstverständlich abgewählt. Die SPD kam zum Zuge. Die Partei zu wechseln, kam für ihn nicht infrage. Angebote gab es durchaus, aber er nahm sie nicht an. Meine Eltern nahmen lieber die S-Bahn in den Osten.

Ich wurde 1952 in Berlin-Ost geboren, genauer: in Karlshorst. Nicht weit von den damals durch die Russen besetzten Kasernen. Sechs Jahrzehnte später, im Jahr 1999, glossiert Harald Martenstein als mein damaliger Biograph und stiller Beobachter, die Situation folgendermaßen: »Stalin ist tot – Ilja läuft schon.« Mein Vater hatte sich ein neues Deutschland im Osten erhofft. Spätestens nach einer allzu langen Lektüre vom »Neuen Deutschland«, dem Zentralorgan der DDR, merkte er, wie sich eine im Grunde gute Idee vom Sozialismus geistig verkrüppelte und zu einem anti-demokratischen Glöckner verkam. Ohne Glocke natürlich. Denn Gott fand ja im Sozialismus offiziell nicht statt. Meine absolute Lieblingskarikatur zu dem Thema abgehakter Utopien bleibt der alte Marx, der verschämt mit den Händen in der Hosentasche sich verkrümelnd vor sich hin nuschelt: »'tschuldjung, Jungs, war nur mal so 'ne Idee von mir.«

Ich war also gerade mal drei Jahre alt, als Papa mit der mittlerweile fünfköpfigen Familie vom Osten zurück in den Westen floh.

Fluchtpunkt Friedrichstraße. Im Westen angekommen, tat sich die Familie Richter schwer. Erst nach mehreren Versuchen in der Wirtschaft – nein, nicht politisch, ich meine damit echte Berliner Kneipen, die leider alle nicht gingen – stieg ich ins Showgeschäft ein. Und so brachte ich die Familie aus der Armut in den gehobenen Mittelstand. Ich hoffe, Sie schieben es mir, einem Sechzigjährigen, nicht als ersten Anflug von Alzheimer in die Schuhe, mich an meine Jahre als Dreijähriger in der DDR nicht erinnern zu können. Mit Nost-, geschweige denn Ostalgischem kann ich also nicht dienen in diesem Buch. Ich kann hier keine romantisierenden Bilder aus Karlshorst liefern. Eventuell noch singend ... Vor der Kaserne, vor dem großen Tor ... Da mag ja vielleicht noch die Laterne stehen, und steht sie noch davor ... Lili Marleen ist zu diesem Zeitpunkt schon nicht mehr ganz frisch, aber unverwüstlich – diese ewige Soldatenbraut. Ein Evergreen. Vom braunen Goebbels zunächst geduldet – bald schon von ihm gehasst. Erfreute es doch schließlich nicht nur die deutschen Soldaten, das Liedchen. Übersetzt in viele Sprachen, drang es über die feindlichen Schützengräben hinaus in die Welt. Unbeabsichtigter Pazifismus. Die Russen sind 2001 abgezogen, wie man weiß. Was Sie vielleicht nicht wissen, weil es im Radiowust der Berichterstattung unterging: Berlins Ex-Bürgermeister Diepgen entblödete sich nicht, eines Tages in einem Radiointerview zu sagen, dass für ihn erst im Jahre 2001 beim Anblick der abziehenden Russen der Zweite Weltkrieg zu Ende gegangen sei. Ich weiß nicht, was mein Vater zu dieser Formulierung gesagt hätte; nach neuneinhalb Jahren Zuchthaus und KZ hatte der sich ja noch zu Lebzeiten darüber aufgeregt, wie Franz Josef Strauß für Adenauer die Wiederbewaffnung organisierte. Und dabei hatte dieser als junger Politiker noch lautstark verkündet, dass ihm der linke Arm abfallen möge, wenn er noch einmal eine Waffe in die Hand nehmen muss. Musste er ja dann auch nicht. Das mussten schon bald andere. Strauß griff höchstens auf Jagdgesellschaften zum Gewehr; ansonsten kaufte er im Namen des Volkes Jagdbomber, stolperte über die einst berühmte Starfighter-Affäre, stand wieder auf, pushte die DDR mit Wirtschaftsspritzen – welch scheinbarer Widerspruch lag in diesen Aktivitäten. Immerhin pflegte er zur gleichen Zeit durchaus Kontakte mit Argentiniens Diktator Pinochet und anderen Geschäftspartnern. Armer Vater!

Was ist bloß aus der besseren Welt geworden, von der unsere Väter in den verschiedensten Träumen und Farben träumten? Ich würde mal sagen: eine nachgebesserte Welt, aber keine bessere. Die zu Verwaltern und Managern mutierten Politiker sind keinesfalls pauschal als jener verkommene Typus zu bezeichnen, wie er vom Stammtisch bis hin zum Durchschnittskabarett so gern skizziert wird. Aber was wird aus unserer deutschen Verfassung? Dem Vermächtnis unserer Gründungsväter? Dieses Vermächtnis gilt als vorbildlich in der demokratischen Welt. Denke ich an Deutschland in der Nacht, möchte ich keine dunklen Gedanken Heines aufwärmen; den es fröstelte als Exilant, wenn er von Paris aus an seine Heimat dachte. Ich denke, ohne Anspruch auf dichterische Höhenflüge, an ein Deutschland, das sich sehen lassen kann. Es muss ja nicht immer Tucholsky sein, der durch dieses Buch nicht zufällig geistert, es soll nun auch mal wieder etwas mit seinem Konkurrenten Erich Kästner auf den demokratischen Punkt gebracht werden: »Die große Freiheit ist es nicht geworden. Die kleine – vielleicht.« Ich weiß, Sie haben diesen Satz bestimmt schon einmal gelesen. Macht nichts. Wir leben in einer Welt der Wiederholungen. Vom Formatradio der Privaten, in dem uns durchschnittliche Musik so lange vorgesetzt wird, bis wir uns einreden: »Das ist ein Hit!«, bis hin zu Bundespräsidentenansprachen. Herr Gauck allerdings erscheint mir da als Ausnahme und mit einem Humor ausgestattet, der im Deutschen Bundestag zum Beispiel selten anzufinden ist. Zumindest nicht mehr. Vorbei die Zeiten der spitzen, witzigen bis messerscharfen Debatten. Wehner gegen Strauß, Strauß gegen

Schmidt etc. Längst herrscht im hohen Haus die Sprache der Bürokraten und Technokraten. Auf der Suche nach den verlorenen Grundsätzen unserer Verfassungsväter würde ich mich gern mit meinem Vater über all das unterhalten; und wenn wir dann Gott und die Welt abgehakt haben würden, könnte ich ihn, den alten Atheisten, fragen, ob er denn nun Gott immer noch nicht getroffen habe da oben, oder gar, ob er ihn einfach immer noch ignoriert. Hier auf Erden jedenfalls tat er es. »Ich habe Gott im KZ nicht gesehen.« Solche Sätze fielen. Und sie fielen nicht nur aus dem Mund meines Vaters.

Wer die menschliche Fähigkeit zu unmenschlicher Gemeinheit unmittelbar und leibhaftig erlebt hat, sieht keinen leibhaftigen Gott. Papa war nicht mit Gott durch das Tor mit der Aufschrift »Arbeit macht frei« eingezogen. Also verließ er es auch nicht als Befreiter mit einer anderen Geisteshaltung. Da war kein Gott. Für ihn nicht. Tote schlafen fest, und so wollen wir uns denn eines Tages selbst ein Bild von dem machen, was uns nach der verlorenen Zeit und unserer Suche nach dem verlorenen Vater erwarten darf.

Der mir immer wieder nahegehende Satz von Jesus: »Vater, Vater – warum hast du mich verlassen?«, erscheint mir als der glaubhafteste Satz aus jener Geschichte, deren Glauben ich nicht teile. In diesem Zusammenhang fällt mir aber Julian Barnes ein: »Ich glaube nicht an Gott, aber ich vermisse ihn.«

So einen wunderbaren Gedanken, schwankend zwischen Religion und Atheismus sich eine Lücke suchend, würde ein Ghostwriter heutzutage weder einem Spitzenpolitiker zuschreiben, geschweige denn von einem dieser Politmanager gedacht werden. Selbst wenn ein Mann des politischen Geschäfts so etwas auch nur denkt, sagt er es nicht. Und wenn er so etwas Geistvolles sagen würde, ginge er nicht in die Politik. Denn geistvolle Politiker sind Mangelware und vielleicht auch gar nicht mehr erwünscht. Besser gesagt, sind diese »besseren Herrn« längst Figuren unserer bundesrepublikanischen

Geschichte. Mein Vater freute sich, wie gesagt, wenn im Bundestag geistvolle Spitzen nur so hin- und herflogen. So kam auch immer wieder etwas Volkstheater durch unsere Politväter in die heilige Halle unter dem humorlosen Adler. Warum musste ausgerechnet ein Adler für eine Demokratie herhalten? Ich mag diesen Vogel nur im freien Flug. An die Wand geklatscht, wird alles schnell zu Beton. So auch die Redner davor. Und so rufe ich meiner Republik in diesem Buch ermutigend zu: »Du kannst nicht immer sechzig sein! Liebling, das kannst du nicht, aber du kannst dich an die Grundsätze unserer Gründerväter halten. Dann klappt's auch mit dem Nachbarn!«

Wenn alte Männer
Tiefe mit Schwere verwechseln

Das tun junge Männer zwar auch, alte hingegen entwickeln im Laufe ihres Ergrauens darin unfreiwillig eine grauenhafte Virtuosität. Meister der Schwere. Ohne Tiefgang. Da wäre zum Beispiel der Geigenvirtuose Jascha Heifetz. Bis heute für Fachleute in der Musikwelt ein unerreichbarer Geiger; zumindest einer der besten. Für seine Zeitgenossen war Heifetz allerdings im unmittelbaren Umgang unerträglich. Je älter er wurde, desto mehr entschwand die letzte Hoffnung auf einen Hauch Selbsterkenntnis, geschweige denn Weisheit. Er verschliss zwei Ehefrauen, hatte zu seinen Kindern keinen Kontakt und unterstellte seiner treuen, langjährigen und vor allem geduldigen Mitarbeiterin, ihn mit Gift im Tee umbringen zu wollen. Die arme Frau musste übrigens auf Wunsch des zu diesem Zeitpunkt bereits greisen Chefs, ab und zu in den Nachbarhäusern klingeln; verbunden mit der Bitte, man möge doch das Licht in den Häusern löschen. Warum? Nachbar Heifetz wollte den Mond sehen. Alles klar? Warum ich Ihnen diese leider wahre Geschichte erzähle? Weil ich davon überzeugt bin, dass Sie – wir alle – solche Leute kennen. Sie sind dann allerdings in den seltensten Fällen Geigenvirtuosen; höchstens Fachleute in Sachen schlechter Laune; spätestens an dieser Stelle sehe ich einige die Augenbrauen hochziehen: War dieser ›Richter‹ nicht selbst mal ein »Fachmann in guter Laune?« Meine Antwort: Ja! Für Geld! Ich weiß allerdings noch nicht einmal im Rückblick, ob ich jemals Komiker gewesen bin. Dafür war und bin ich nämlich viel zu gut gelaunt. Die schlechtgelauntesten Menschen sind Komiker. Zumindest sagt man das immer wieder über Lingen, Buster Keaton bis hin zu Chaplin; dass ihnen allen eine gewisse Distance zu eigen war, liegt in der Natur der Sache. In meiner Natur lag übrigens circa zehn Jahre vor meinem Sechzigsten eine Sorge, die ich mit Verweis auf Kurt Tucholsky versinnbildlichen möchte. Trotz aller satirischen Spitzen gegen die jüdisch-konservative Gesellschaft gestand er einem Freund vertraulich, Angst vor dem Altern zu haben; einer ganz bestimmten Form des Alterns, die er in der Spezies schlecht gelaunter alter Berliner Juden zu erkennen geglaubt hatte. Eine »jüdische Angst«, fern aller Glaubensfragen. Man kann seine Wurzeln nicht verleugnen.

Andererseits bin ich mit sechzig Jahren immer noch nicht dahintergekommen, was das eigentlich ist: ein Jude! Ich kenne volle Kanne, Vollidioten, Vollblutkomödianten, aber wie ist man bitte schön den ganzen Tag ein Volljude?

> *»Es feiern alle Arier*
> *Bourgeoise und Proletarier*
> *in Nord und Süd und überall*
> *die Christgeburt im Rindviehstall.*
> *Jedoch dem Volk, dem das geschah,*
> *das feiert lieber Channuka.«*
>
> (Erich Mühsam)

Ich bewundere Jesus, ohne Christ zu sein.

Dieser Jesus verstreute förmlich, mit orientalischer Nonchalance, sein Genie. Und ein Organisationstalent war er auch. Denken Sie an das günstige Fischessen mit Seeblick. Seine späteren Autoren und Ghostwriter waren eben immer stark im großen Ganzen und schwach im Detail. Es ist eine heillose Zettelwirtschaft, dieses neue

Testament. Da wird zum Beispiel die Legende vom heiligen Daniel aus dem siebenten Jahrhundert vor Christus wegen des hohen Unterhaltungswerts schon mal locker in die Zeit der babylonischen Gefangenschaft der Juden verlegt. Diese Schriftsteller waren eben keine Vorboten preußischer Tradition, sondern eher die Verfasser einer eiligen Schrift. Juden eben. Humorvoll, was in der Endfassung des Testaments nicht mehr so richtig zum Ausdruck kommt; dafür entdeckt man sehr viel Gespaltenes und Widersprüchliches in den Texten. Nicht nur vom dramaturgischen Standpunkt her. Von der Historie ganz zu schweigen. Wir Juden sind nicht erst seit Gott das Rote Meer für die Flucht aus Ägypten teilte ein gespaltenes Volk. Bis zum heutigen Tag.

Wie gespalten, manchmal widersprüchlich bis unfreiwillig komisch das Leben von uns Nachgeborenen rassisch und politisch Verfolgter sein kann, schildert Adriana Altaras auf pointiert- und doch herzvolle Weise in »Titos Brille – Die Geschichte meiner strapaziösen Familie«:

»Bin ich zu verrückt für eine Therapie oder nicht irre genug?«, fragte ich besorgt die Therapeutin, die ich nach diesem Urlaub aufsuchte. Streng schaute sie mich eine Ewigkeit an, um schließlich ihr Urteil zu fällen: »Das wird dauern.« Sie gab mir die Adresse eines Psychologenteams aus Holland, das in Berlin ein Wochenendseminar veranstaltete. Ihr Spezialgebiet waren Kinder und Kindeskinder von Überlebenden. Wir waren eine Gruppe von circa fünfzig Leuten, zwanzig bis fünfzig Jahre alt. Manche waren noch im Krieg geboren, andere erst in den Sechzigerjahren. Alle waren Kinder von Überlebenden. Wir waren am Wannsee einquartiert, nicht weit von der Villa, in der die Endlösung beschlossen worden war. Hier sollten wir Ruhe und Zeit finden, uns unserer Vergangenheit zu stellen.

An jenem Wochenende passierte etwas für mich damals noch sehr überraschendes: Wir nahmen exakt die Rollen unserer Eltern an. Die, deren Eltern im Lager gewesen waren, den unendlichen Demütigungen ausgesetzt, begannen sich zu ducken, zu verstecken, ausweichende Antworten zu geben, sich tot zu stellen. Bei den anderen, den Kindern der Widerstandskämpfer und Partisanen: erneuter Widerstand. Es war so banal wie eindeutig.«

Nach Ansicht der Juden ist man ja immer das, was die Mutter ist. Also bleibe ich, für den Rabbi, ein ganzer Jude; wenn auch ein kaputter. Ein Abtrünniger! Denn jeder Religionsvertreter wird sauer, wenn man sich nicht an die wichtigsten Spielregeln hält und danach lebt. Da ich, prozentual gesehen, davon ausgehen darf, dass ein Großteil der Leser meines Buches nicht jüdisch ist, frage ich Sie jetzt ganz speziell, liebe Leserin, lieber Leser: Falls Sie ein Christ sein sollten, sind Sie ein Vollchrist? Ein Halbchrist oder nur ein Viertelchrist? Ich sehe, Sie schmunzeln? Prima. So kann ich arbeiten. Also weiter: Wenn Sie also kein Vollchrist sind, warum sollte ich dann ein Volljude sein? Wenn ich das Wort Halbjude höre, wird mir gleich schlecht. Es ist grauenhaft, dass sich der rassistische Terminus einer Aufgliederung in Voll-, Halb- und Viertel- in unseren Sprachgebrauch des aufgeklärten einundzwanzigsten Jahrhunderts herübergerettet hat. Das sind die Spuren rassistischer Ideologie. Ich habe den Begriff Halbjude des Öfteren aus jüdischem Mund gehört. Dann wird's ganz verrückt. Wenn Juden sich selbst verbal halbieren oder gar dreivierteln. Wenn Sie mir sagen können, woran man einen Vierteljuden erkennt, geben Sie mir Bescheid. Und wenn Sie das optisch auch noch darstellen können, gehen Sie am besten zu Roncalli. Eine Weltnummer. Licht aus, Spot an: Hier kommt ein Vierteljude!

»Ich kann nicht immer Jude sein ... Liebling, das kann ich nicht ...« – so oder so ähnlich, zumindest verdammt nah an Chris Roberts Schlager, gab ich vor vierzig Jahren einer jungen Dame zu verstehen, dass ich sie leider nicht heiraten kann. Sie wollte durchaus. Ich aber wollte mich nicht an die hohen Feiertage halten. Auch nicht bereit, mit ihr mindestens einmal im Jahr nach Israel zu fahren, sah ich in ein enttäuschtes Gesicht. Ich versuchte einzulenken: »Na gut. Das mit den Feiertagen ginge ja noch in Ordnung ... Reine Übungssache. Aber das mit Israel?« – »Was ist denn mit Israel?«, fragte sie ganz naiv. Darauf ich: »Zu viele Juden!« Sie lachen? Das freut mich. Die junge Dame lachte nicht. Selbstverständlich haben wir nicht geheiratet. Im übrigen möchte ich dazu bemerken, dass die besagte junge Dame eine Konvertitin war. Und Konvertiten haben meistens überhaupt keinen Humor. Dasselbe gilt für Nichtraucher. Wenn Sie einem besonderen Exemplar aggressiven Nichtraucherverhaltens gegenüberstehen, stellt sich sehr oft heraus, was dieser Mensch früher war: ein extremer Raucher! Genauso ist es mit dem Konvertiten. Wer von einer Religion zur anderen übertritt, will es der neuen Gemeinde mehr als recht machen. Schlimmer: es wird eine doppelte Portion Religiosität in die Waagschale geworfen. An dieser Stelle möchte ich noch einmal betonen, dass ich tatsächlich religiös bin. Das Religiöseste am Judentum entdecke ich immer wieder in ihren alten Witzen. Darin gibt es niemals einen Zweifel an Gott. Die Frage ist immer nur die, wie man ihn bescheißt. Darin liegt die Pointe und darin liegt auch die tiefe Religiosität. An Gott zu zweifeln, ist schließlich nicht komisch. Zweifellos komisch ist jedoch, wie man ihn abzulenken versucht. Wie jener arme Jude, der im Tempel einfach viel zu laut sein Klagegebet an Gott verrichtet, mit einer Aufzählung all seiner Gebrechen, inklusive seiner armen Kinder, seiner kranken Frau und seinem großen Unglück insgesamt. Auf dem Höhepunkt des Beklagens schiebt ihm ein reicher Jude ein Geldstück zu und flüstert dann: »Da hast du! Und nun lenk ihn mir nicht weiter ab!« Das ist zweifellos ein tiefreligiöser Witz. Tiefreligiöse christliche Witze gibt es nicht. Humorvolle Dissidenten kenne ich auch keine, aber ich lasse mich gerne eines Besseren belehren. Da fängt es bereits an: mit einer Belehrung lässt sich kein Witz machen. Kurzum: mit Dissidenten und ehemaligen Rauchern ist nicht zu spaßen. Echte Raucher haben nichts zu verlieren als ihre Ketten. Ich weiß, das ist eigentlich ein marxistischer Satz, der sich auf die Arbeiterbewegung bezieht. Proletarier haben nichts zu verlieren als ihre Ketten. Spätestens an dieser Stelle habe ich es mir nicht nur mit den Dissidenten, »Volljuden« und militanten Nichtrauchern verdorben, nein, nun auch noch mit Altmarxisten. Aber damit kann ich leben. Ich glaube, in Deutschland gibt es nur noch drei von denen. Der erste ist knapp zwei Jahre jünger als die Russische Revolution, der zweite hat spätestens nach dieser Seite das Probeexemplar meines Buches schamhaft ins Regal zurückgestellt und den Laden verlassen. Und der dritte? Bin ich! Ich hab mein Buch als Allererster gekauft. Gleich am dritten Mai. Na ja, die Drei ist nun mal meine Lieblingszahl, und einer muss ja! Noch einmal: ich kann nicht immer Jude sein, Moslem werde ich auch nicht mehr, und über dies hinaus könnte ich noch ein Gedicht von Heinrich Heine anbieten, ein kleines, feines Gedicht, das meine These glatt widerlegen würde, dass Dissidenten keinen Humor haben. Denn Heinrich Heine hatte Humor, ist aber trotzdem zum Protestantismus übergetreten. Zitat: »Der Taufzettel ist das Entree-Billett zur europäischen Kultur.« Später stellte er verbittert fest: »Ich bin jetzt bey Christ und Jude verhaßt.«

»Doch es will mich schier bedünken,
daß der Rabbi und der Mönch,
daß sie alle beide stinken!«

(Heinrich Heine, »Romanzero«, Kapitel 49)

Sachbücher werden sehr schnell unsachlich, wenn es um die richtige Lebensweise geht. In einem Punkt jedoch, in der Frage des Dissidententums, erlaube ich mir mit meinen sechzig Jahren, allen alten Zeitgenossen und -genossinnen zuzurufen: »Lasst es!« Ein Religionswechsel aus purer Solidarität zum Judentum mag in den Sechziger-/Siebzigerjahren gut gemeint gewesen sein. Dennoch macht es den Holocaust nicht rückgängig. Aus Liebe zu einer Frau oder zu einem Mann in eine andere Religion überzutreten, ist witzloser Konformismus – denn dieser Schritt folgt ja nur einer Konvention und nicht dem Herzen. Ob nun ein jüdischer Vater einen nichtjüdischen Sohn ablehnt oder ein strenger Moslem Schande für sein ganzes Geschlecht empfindet, weil ein Christ schwört, seine Tochter zu lieben, Gott aber nicht Allah nennen kann – lässt mich nur zu einem traurigen Fazit kommen: Orthodoxie kann einem den ganzen Abend versauen. Und die Orthodoxesten sind die Dissidenten. Gibt es eigentlich jüdische Nonnen? Es gab sie! Zumindest eine, und die hieß Ilse Kussel. Sie floh als Jüdin mit ihren Eltern 1939 nach China, kam dort mit dem Buddhismus in Berührung und wurde buddhistische Nonne. Sie stieg sogar zur Meditationsmeisterin Ayya Khema auf. So hieß sie nämlich, nachdem sie ihren bürgerlichen Namen abgelegt hatte und im Allgäu ein Buddhahaus gründete.

Wenn ich also zwischen all den Religionen kopfschüttelnd auf Dissidenten und Orthodoxe schaue – in ihrer gnadenlosen Humorlosigkeit –, mag der Buddhismus vielleicht eine Ausnahme sein. Lustvoller, leichter, heiterer erscheinen mir die Buddhisten im Umgang mit ihrem Glauben. Einem Glauben, der doch weitaus mehr mit einer philosophischen Grundhaltung zu tun hat. Natürlich hatte Woody Allen bei der Frage: »Gibt es jüdische Nonnen?«, an die katholischen gedacht. Ich aber entdeckte eines Tages tatsächlich jene jüdische Nonne buddhistischen Glaubens; sah ein Bild in der Zeitung *Die Welt*, auf dem drei Frauen zu sehen sind. Besagte Ayya Khema mit zwei Freundinnen. Auf einem riesigen Hügel im Allgäu lächeln die drei in die Kamera. Und das ganze könnte eine Szene aus »The sound of music« sein. Wenn nicht die rote Toga gewesen wäre. Da habe ich nun ein Leben lang zwischen allen Stühlen keine Religion wirklich voll ausgekostet; ich konnte noch nicht einmal aus dem einen Glauben austreten, um in den anderen Glauben einzutreten.

»Treten Sie ein! Treten Sie aus!«, mit diesem Motto warb die Konvertitenschau, die das jüdische Museum Hohenems im österreichischen Vorarlberg in Kooperation mit den jüdischen Museen in Frankfurt und München erarbeitet hatte.

Wenn ich ein bisschen jünger gewesen wäre, hätte ich sowohl die Damen im Allgäu als auch Hohenems in Österreich besucht. Das hätte ja für mich ein Festival der Religionen werden können. Als ich den Artikel zu Ende gelesen hatte und mir fest vornahm, die Ausstellung in Hohenems unbedingt einmal aufzusuchen, um zu erfahren, warum Menschen denn nun ihre Religion wechseln, geschah etwas Unverhofftes. Ich saß im Flugzeug auf dem Heimweg von Düsseldorf nach Berlin. Kurz vor dem Ausstieg schauten mich zwei Herren recht freundlich an. Sie hatten mich wohl erkannt. Ich wünschte ihnen frohe Weihnachtsfeiertage, worauf der eine sagte: »Na, sagen wir lieber – ›Happy Channuka!‹ – »Ich muss Sie leider enttäuschen, meine Herren«, sagte ich, »ich habe zwar jüdische Wurzeln, aber ich bin nicht jüdisch erzogen worden. Unsere Mutter hat das so nicht gewollt.« Darauf der eine Herr: »Aber ob Sie wollen oder nicht, Sie sind das, was Ihre Mutter ist!« – »Ja, a mieser Jidd, würde der Rabbi sagen«, sagte ich »denn ob ich mich kopfstelle oder nicht – ein Jude bleibe ich für ihn auf jeden Fall. Nur eben einer, der sich nicht an die Gesetze hält.« Da lächelte der eine von den beiden Herren, es war der ältere, und meinte: »Mieser Jidd darf er nicht sagen, der Rabbi!« – »Nein«, schmunzelte ich, »aber denken darf er es.«

Es stellte sich heraus, dass ich soeben mit zwei Herren vom Zentralrat deutscher Juden gesprochen hatte. Sie waren auf dem Weg zu einem wichtigen Gerichtstermin.

Fazit: Schauen Sie sich diese Welt an, wie sie aussieht, seit der Besuch weg ist. Ob Wander-Rabbi oder Erlöser. Egal. Besuch ist Besuch. Ein Chaos.

Ich kann nicht immer Jude sein, aber als Wartender spür ich es, mein nicht gelebtes Judentum. Und jetzt entschuldigen Sie mich – es hat geklingelt. Falls es wieder nicht der Messias sein sollte, werde ich langsam sauer; andererseits könnte es ja nach jüdischem Glauben zunächst einmal jener den Messias ankündigende Prophet sein. Sie wissen schon: Elias heißt er. (Auf russisch: Ilja.) Ich öffne. Es ist *nicht* der Messias. Es ist nur Kolja, mein Sohn. Das »nur« ist gestrichen!

»Papa, warst du mal ein Gottschalk?«...

… diese Frage erreichte mich beim Spazierengehen mit Kolja auf dem Kurfürstendamm. Er betrachtete das verbitterte Portrait von Gottschalk am Zeitungskiosk. Kolja hat einen Blick für's Menschliche, Melancholische.

»Der guckt aber traurig!?«, und packte nachdenklich ein Sahnebonbon aus, in einer Art wie ein nachdenklicher Yves Montand in alten Schwarzweiß-Filmen die Gauloises aus der Schachtel fingernd, um irgendeinem Gedanken nachzuhängen.

Bevor ich Ihnen diese Geschichte über meinen kleinen Sohn weitererzähle, gestatten Sie mir ein paar Gedanken zu Yves Montand.

Mit dreiundsiebzig zeugte der große Schauspieler und Charmeur mit einer dreißigjährigen Frau ein Kind. Das war sein erstes; und auch sein letztes. Der Kleine hat seinen Vater mit drei Jahren verloren. Das Foto vom baumlangen Montand mit Ferienhut à la Monsieur Hulot und seinem Söhnchen, das sich den Blick nach oben leistet, wie Touristen in ihrer Haltung in Richtung Eiffelturm schauen, dieses Foto kommt mir immer wieder in den Sinn – aber nicht in mein Wohnzimmer. Das hat so etwas von Endlichkeit. Und endlich bin ich selber. Und bevor mich mein Sohn fragt: »Papa, warst du mal ein Montand?« (und er fragt schon solche Sachen, er ist ein deutsch-französisches Kind mit einem erschreckend altmodischen Filmgeschmack – von wem er den wohl hat?) – also, bevor er mich solche Sachen fragt, erkläre ich ihm doch lieber, warum ich nie ein Gottschalk war.

»Warst du's nun – oder warst du's nicht?« Etwas gereizt antwortete ich: »Niemand ist jemand anderer als er selbst.« Kolja stoppte seinen Sahnebonbonzermalmungsprozess; frech blinzelte er gegen die Sonne, den verbitterten Gottschalk bereits im Rücken, und meinte pfiffig: »Aber du sagst doch selbst immer, wir Menschen sind ganz viele. Und in mir wär auch der Großvater, sagst du immer, und meine Großmutter und …«, – »Moment!«, unterbrach ich ihn, sonst hätte er noch ganze Generationen von Namen und Menschen aufgezählt, die er doch nur aus meinen Erzählungen kennt.

»Hör mal, Kolja – das sind doch alles Menschen, die schon alle tot sind – und die leben in uns. Aber ich lebe noch, und Gottschalk lebt auch noch; und überhaupt: du kannst also so wenig ein Ilja sein, wie dein Papa ein Gottschalk war.«

Wir spazierten stumm Richtung Tauentzien, das berühmte Kaufhaus bereits im Visier, da meinte Kolja verschmitzt: »Na, was noch nicht ist, kann ja noch werden! – Und warum war der Gottschalk auf dem Foto so schlecht gelaunt?« – »Na ja, schlecht gelaunt war er vielleicht nicht. Du hast ja selbst gesagt, er sehe traurig aus. Schlecht gelaunt oder traurig, das sind ja Welten. Und das lag vielleicht an dem Sturz.« – »Was für ein Sturz?« Um ihm die grausame Geschichte des Wettkandidaten, der in Gottschalks Sendung lebensgefährlich gestürzt war und seitdem gelähmt ist, nicht allzu plastisch zu schildern (dafür haben wir schließlich RTL), verkaufte ich ihm das Ganze als die Geschichte von Ikarus.

»Weißt du, das war der Sohn des Daidalos. Man soll nicht immer die Väter nachäffen. Das tat Ikarus aber. Schon sein Vater wollte immer hoch hinaus. Tollkühner Mann in fliegender Kiste. Prompt hat sich daraufhin der Sohn Flügel mit Wachs zusammengeleimt und war der Sonne zu nahe gekommen. Da stürzte er ab.« – »Mitten in der Sendung von Gottschalk?« – »Na, sagen wir mal so – das war jetzt nur mal so 'ne Parabel!« – »Was'n das nu schon wieder?« – »Das ist eine Geschichte, die dir zeitlos und darum für immer geltend etwas klarmachen soll!« – »Aha. Und was soll mir die Geschichte klarmachen?« – »Dass man niemals in die Fußstapfen seines Vaters treten soll.« – »Ich will aber auch Schauspieler werden, Papa! Wie du, Papa!« – »Ja, aber du sollst mich nicht nachmachen!« – »Mach ich ja auch gar nicht,« sagte Kolja und äffte mich prompt nach: »Du sollst mich nicht nachmachen!« Dann folgte das unvermeidliche, leicht-kokett Empörung darstellende: »Pöh!« Aber eben nur gespielt. Und er soll doch nicht spielen. Wenn Empörung – dann echt. Verflixter kleiner Komödiant.

Noch heute aber bin ich ganz zufrieden darüber, ihm die längst von neuen Grausamkeiten übertrumpfte TV-Episode jener Gottschalk-Wette als Parabel verkauft zu haben. So ein Gottschalk-Fall versendet sich, aber der Ikarus-Sturz bleibt. Oder kennen Sie noch den Namen des über Auto-Dächer abgestürzten Wettkandidaten? Na, sehen Sie.

Mein Sohn jedenfalls wollte sofort die Geschichte von Ikarus nachlesen. Lesehungrig, wie er nun mal ist. Allerdings hatten wir das Kaufhaus aus anderen Gründen betreten. Nach dem Kauf kindgerecht erzählter griechischer Sagen bekam er in der Spielzeugabteilung das von mir längst versprochene ferngesteuerte Flugzeug. Es war das schönste und eleganteste Modellflugzeug, das jemals auf bravouröse Weise beim Jungfernflug im Mauerpark zerschellte.

Tränen rollten, ich nahm meinen Sohn in den Arm und versicherte ihm, dass ich immer für ihn da sein würde, was auch geschähe. Auch wenn er mal fallen sollte. Aufstehen müsse er schon selbst, aber seine Wunden würde ich ihm verbinden – so gut ich nur kann. »Das macht die Mama aber besser«, schluchzte er in mein Revers und zweifelte an meinen Krankenschwesterfähigkeiten. Ich glaub, er hat recht.

Dafür weiß ich die besseren Geschichten. Das ist keine Kritik an der Mutter, sondern eher ein selbstbewusstes Auftrumpfen als alter Vater gegen die jungen Papas dieser Zeit. Laut Statistik lesen mehr Frauen als Männer abends ihren Kindern etwas vor. Männer, so hat man herausgefunden, übernehmen eher den sportlichen Teil, Lesen is' nich'!

Noch am selben Unglückstag des abgestürzten eleganten Fliegers kaufte ich Kolja in einer verschwiegenen Gasse im Prenzlauer Berg, die noch nicht von Touristen entdeckt worden ist, das kleinste, feinste Flugzeug von ganz Berlin. In einem kleinen, feinen, preisgünstigen Spielzeugladen, auf den Kolja seitdem schwört. Das Flugzeug fliegt immer noch und hat sich bis zum heutigen Tag noch von jedem Absturz erholt.

Ein paar Wochen später schrieb Kolja in der Schule einen Aufsatz, in dem er unseren Ku'dammspaziergang Richtung Tauentzien genauso prägnant wiedergab wie unsere Unterhaltung über Gottschalk und seinen Unglückskandidaten. Ich verkniff mir ein Lächeln und wurde sehr ernst, als er mir stolz den mit einer Eins versehenen Aufsatz übergab. Ich las Folgendes: »Mein Papa ist mein Papa. Und Gottschalk ist Gottschalk. Und der ist über einen Ikarus gestürzt. Pech. Aber das ist eben live.«

Mein Sohn und der Kaiser

»Erzähle, damit du dein Recht erweist«, hat der Theaterproduzent der »Dreigroschenoper«, Ernst-Joseph Aufricht, einst seine Erinnerungen genannt. Ich produziere keine Stücke, aber ausgezeichnete Söhne; ehrlich gesagt: es ist nur einer. Bisher. Ich bin ein alter Vater mit einer noch viel älteren Seele. Ich sollte es bei diesem einen Sohn belassen; es einfach gut sein lassen mit der Lust auf Reproduktion. Lieber Gott, ich bin sechzig! Anhand von Kolja habe ich genug zu tun. Die Zeit, die mir noch bleibt, und in der Hoffnung, dass es ein vorwiegend heiteres Drittel meines Lebens sein möge, erkläre ich Kolja, dem zehnjährigen Sohn, diese Welt. Aus meiner Sicht. Und seine Sicht konterkariert meinen Blick auf immer neue, überraschende Weise. Langsam spazieren gehend, einer vom Aussterben bedrohten Gangart, versuche ich, meinem Sohn deutsche Geschichte und auch das Weltgeschehen im Vorübergehen, Flanieren oder bei einer Tasse Schokolade plausibel zu machen. Auch ein Stück Torte seiner Wahl kann ihm versüßen, was im zukünftigen Geschichtsunterricht eventuell zu trocken oder gar nicht abgehandelt wird ...

Ich war mal wieder auf Theatertournee und Kolja hatte mich besucht.

Wir saßen in der – an einen Luxusliner erinnernden – Halle des Hamburger Hotels »Atlantic«. Wo der Atlantik zu finden ist, hatte mir Kolja noch vor kurzem stolz auf einer Weltkugel gezeigt; freiwillig. Einfach so. Im Vorüberfahren mit dem Fingerchen auf der schon erleuchteten Weltkugel. Flanier-Finger. In einem Kaufhaus. (Kaufen Sie Ihrem Kind unbedingt, wenn's

Ihre Kasse erlaubt, einen erleuchteten Globus. Zeitweilig kann der greifbare Erdball die immer so flach erscheinende Virtualität eines iPhones verdrängen. Nur kurz – aber immerhin.)

Im Hotel Atlantic jedenfalls hatte es Kolja an diesem Tag der Herr über dem Kamin optisch angetan: »Der hat aber einen lustigen Bart.« Darauf ich: »Das ist ein Massenmörder!«

Es handelte sich hierbei um ein Portrait von Kaiser Wilhelm dem Zweiten.

Es gibt ja heute in unserem demokratisch regierten Land durchaus kaisertreue Republikaner. Das sind neudeutsche Konservative ohne die Bildung der Altkonservativen. Sie nennen sich Demokraten, sind aber, unter dem Strich, kaisertreu wie meine jüdische Großmutter. Meine Großmutter ist vergast worden. Ihre These:

»Tu nichts Böses, dann geschieht dir nichts Böses!« – hat sich nicht bestätigt. Was aus ihrem Album mit Glanzbildern der Hohenzollernfamilie geworden ist, weiß ich nicht. Gern hätte ich es meinem Sohn vermacht; am liebsten mit der Bemerkung: »Guck mal, Kolja, das ist die erste Bunte Illustrierte deiner Großmutter.« Nun muss ich didaktisch anders vorgehen; dass der nette Kaiser handgemalt auf Delfter Kacheln über dem Kamin der Hotelhalle des Atlantic hängt, obwohl er ein Massenmörder sein soll, verstand Kolja nicht. Recht hat er. Ich zum Beispiel will das bis heute nicht verstehen. Aber es ist doch so. Koljas Nasenspitze schwenkt zum Schnurrbart, dann wendet sich das von mir geliebte Kindergesicht zu mir: »Ich denke, Hitler war der Böse?!« – »Stimmt«, sage ich und muss lachen, weil Kolja in diesem Moment ein kleines weißes Bärtchen gewachsen war – vom Sahnehäubchen seiner heißen Schokolade.

Im Hamburger Hotel Atlantic thront das besagte Häubchen immer noch wie in der guten alten »Conditorzeit« auf der goldumrandeten Tasse. Und der Kaiser ist der Delfter Kachelmann der Hotellobby. In realitas saß er ab 1918 im holländischen Doorn und ritt auf seinem Sattel vom Schreibtisch aus noch einmal die ganze Geschichte durch. Der Sattel ist noch immer zu besichtigen, und überhaupt mögen allzu kaisertreue Nostalgiker endlich zur Kenntnis nehmen, dass ihr Idol dem Hitler ein Glückwunschtelegramm schickte; inhaltlich völlig d'accord mit ihm, dass jüdische Generäle für den verlorenen Ersten Weltkrieg die Verantwortung trügen. Die »Dolchstoßlegende!« hochkaiserlich bestätigt, um von seiner Majestät eigenem Unvermögen abzulenken. »Wenn die tollen Dilettanten kommen!« (Blutige Weltklamotte)

Das alles interessierte Kolja nicht. Nachdem er sich, ganz souverän, mit der Stoffserviette den Sahneklecks weggewischt hat, kommt er auf das Problem mit dem »Bösen« noch einmal zurück. Während er sinniert, schaut er in die Ferne. Mein Sohn hat immer in solchen Situationen einen leichten Hang zum Kontemplativen. Besonders, wenn Kakao serviert wird. Mit Sahne, versteht sich.

Kolja hatte sich alles wohl schon dahingehend eingerichtet, dass Hitler bös und an allem schuld sei; diese kindliche Sicht auf ein unappetitliches Geschichtskapitel deckt sich ja durchaus mit einer ebenso denkenden Restbürgerlichkeit. »Na ja, Kolja … weißt du, Kolja … der Kaiser hatte viele Generäle und …« – »Stimmt«, unterbricht er mich, »und einer steht ja noch draußen vor dem Hotel.« Er meinte den Wagenmeister mit der goldverzierten Schirmmütze vor dem Hotel Atlantic. Meine Informationen blitzschnell verarbeitet, verkauft er mir seine Phantasien sofort als Tatsache. »Und nun passt er auf, dass der Kaiser nicht geklaut wird?!«

Er hatte mir diese Frage so suggestiv und mit verschwörerisch zusammengekniffenen Augen gestellt, dass ich spürte, wie er auf meine Bestätigung hoffte; irgendwie begann er sich nämlich ansatzweise zu langweilen. Und wenn Kinder sich zu langweilen beginnen, rücken sie sich ja gern die Welt solange zurecht, bis sie ihnen wieder spannender erscheint; also wie Politiker – nur klingt das bei denen nicht so komisch.

»Wusstest du, dass Hitler hier in diesem Hotel geschlafen hat?«, sagte ich, scheinbar das Thema wechselnd. In Wirklichkeit wollte ich nur einen Kolja bekannten Killer ins Spiel bringen, um der deutschen Geschichte jetzt einen gewissen Kick zu verschaffen. Prompt riss Kolja die Augen auf: »In meinem Zimmer?« (Es funktionierte.) Ich ließ meinen Kopf geheimnisvoll kurz nach links und dann nach rechts wippen. »Möglich!« – »In meinem Bett?« – »Kann sein …«, antwortete ich lakonisch (vielleicht hatte der Mistkerl damals ja wirklich in diesem Zimmer gepennt). Anno '32 war er ja noch nicht an der Macht. Da hat es vielleicht nur zur Juniorsuite gereicht. Hier und da als Exot der reaktionären Politszene weiterempfohlen, wie zum Beispiel von der Klavier- und Flügelfabrikantin Bechstein. Was diese Dame und Nazifan dem Parvenü einst an Sponsoring in barer Münze bot, war sicher, rückblickend, nur das Klimpergeld einer intriganten Klavierantin. Ein kleines Groupie gegen die Mächtigen, Krupp und Thyssen.

»Ich hab Angst«, sagte Kolja und schaute mit diesem Satz in die nun leere Kakaotasse wie in seinen ganz persönlichen Abgrund. »Brauchst du nicht«, beruhigte ich ihn. »Krupp und Thyssen haben eine Krise!« – »Ich hab nicht Angst vor Kupp und Tschüssn, Papa. Ich hab Angst vor Hitler. Dass der heut Nacht in mein Zimmer kommt. Vielleicht will er ja sein Bett wiederhaben. Als Geist, weißt du …« – »Kolja – ich versichere dir: Hitler hat keinen Geist.« (Pause.) – »Papa, darf ich heute bei dir schlafen?« Er durfte. Wir hatten ja sowieso eine Suite, also stimmte ich dem Junior zu. Leider konnte mein Sohn in der Juniorsuite nur sehr schlecht einschlafen. Am nächsten Morgen erwachte er und berichtete von einem üblen Traum. Hitler sei mit ihm Hand in Hand über eine Wiese gelaufen. Kolja schluchzte. »Er hat mir einen Witz erzählt und dann verschwand er im Wald. Und dann ist etwas ganz Furchtbares passiert ...« – »Was denn, mein Kleiner?« – »Dann bin ich aufgewacht.« Ich war beruhigt, der deutsche Wald hatte meinen Sohn nicht verschluckt.

Ich versuchte, meinem Sohn die Angst zu nehmen. Wir erzählten uns gegenseitig Witze. Wir lachten laut. »... Mensch, Kolja, jetzt weiß ich auch, weshalb dein Hitler nach dem Witz im Wald verschwunden ist!« – »Warum denn, Papa?« – »Na, um zu lachen.« Wir glucksten.

Dann sollte ich Hitler nachmachen. Ich sagte ihm, das könnten andere besser. »Na dann den Kaiser Wilhelm!« Das löste ich durch die Imitation eines Militärorchesters und Preußens Gloria. Kolja lachte, dann schaute er in die Ferne und kam zu folgendem Resümee: »Stimmt's, Papa – ohne den Ersten Weltkrieg hätte es den Zweiten nie gegeben!?« Ich nickte entzückt. Immerhin hatte mein Sohn mit dieser Erkenntnis das, was Historiker in meterlangen Bücherreihen beschreiben, mit einem Satz auf den Punkt gebracht. Kolja kann eben bis zwei zählen. Und dann folgte sein Fazit über den Privatmann Wilhelm Zwo: »Der war ganz schön schlau ...« – »Wieso das denn?« – »Na, erst baut er so'n Mist, aber dann macht er das Hotel auf ...

Weißte was, Papa, gleich nach dem Frühstück, fragen wir mal den General vor der Eingangstür, ob er sich jetzt sehr langweilt – immer nur Tür auf – Tür zu, so ganz ohne Krieg.«

»Papa, was ist DISCO?« ...

... fragt mich Kolja. Mein Sohn war zehn Jahre alt, nun ist er elf. Die Zeit rast. Bevor Fragen weitaus heiklerer Natur auf mich zukommen werden, zum Beispiel über Pickel, Sex und weshalb Mädchen vielleicht doch nicht so doof sind, wie es ihm bis vor Kurzem noch erschien, kann ich ihm zumindest Papas Popjahrzehnt plausibel machen.

Ich versuch's also folgendermaßen: »Weißt du, Kolja, das war so: 1971 kriegte ein gewisser Willy Brandt den Friedensnobelpreis, und dein Papa bekam zwölf Jahre ZDF.« »Wer is'n dis?, ich meine dieser Willi Branz?« Gute Frage. Schließlich kennt Koljas Generation nur Angela Merkel. Und mein Sohn hält den Kanzlerjob für eine rein weibliche Tätigkeit.

Ich, für meinen Teil, kannte Anfang der Siebzigerjahre nur Showbusiness. Das hatte Folgen. 133, um genau zu sein. Ich konnte ja nicht ahnen, dass ich zwölf Jahre lang mein Leben versketschen und verspielen würde. In der Pop-Branche. Da ich Hellseherinnen mit ihren Diensten nie beanspruchte, drehte sich anstelle einer Glas-Kugel die berühmte Discokugel, die meinem Glücksstern die bezauberndsten Reflektionen abzuspiegeln verstand. Der *Spiegel* als journalistisches Magazin nahm mich anno '71 nicht zur Kenntnis. Dann schon eher *Frau im Spiegel*, *Hörzu*, *Die Bunte* und vor allem das Teenager-Magazin *Bravo*. Immerhin war ich ja Deutschlands jüngster Showmaster.

Ich genoss bei der Presse mehr oder weniger Welpenschutz, bis auf ein paar kleine gehässige Ausnahmen in den allzu kritischen Magazinen. Die sogenannten seriösen Blätter, daran hat sich bis heute nichts geändert, reagierten eher auf Dramatisches. Das Konzert für Bangladesch zum Beispiel war ein Thema. Selbstverständlich auch die offizielle Trennung der Beatles, die alle irgendwie wie meine Brüder aussahen. Aber das schrieb auch keiner. Bevor die Jungs aus Liverpool ihren Trip nach Indien antraten, waren Bubikopf, Anzug und Schlips als Dresscode obligatorisch.

Aus dem Orient zurückgekehrt, trugen sie Anzüge mit interessanten Mustern, die heutzutage noch gelegentlich zu entdecken sind: als Stoffbezug für indische Restaurants. Ich blieb, ohne Rücksicht auf den jeweiligen Trend, in der *disco* und auch privat beim alten Dress; speziell als Moderator allerdings entsprach ich eher dem Bild eines braven Banklehrlings, benahm mich aber nicht dementsprechend. Ich hing, wenn es der Sketsch verlangte, durchaus mal am Kronleuchter, parodierte die Schlagerwelt, und die wirkliche Welt blieb draußen.

Damit mein Sohn eine Vorstellung von dieser Zeit bekommt, bemühe ich mich, ihm Dinge klarzumachen, wie zum Beispiel die Tatsache, dass das Leben damals auch schon in Farbe ablief und nicht in Schwarz-Weiß, wie es uns die Dokumentationen aus vergangenen Epochen vermitteln. Eher unbeabsichtigt. Wie soll sich denn aber auch ein Kind eine bunte Welt vorstellen, wenn sie in den alten Kino-Wochenschauen immer nur schwarz-weiß ist.

Können Sie sich ein KZ in Farbe vorstellen? War aber so! »Und war Hitler schon tot in deinen Siebzigern?«, fragt Kolja ganz naiv, worauf ich dreimal schlucke und ihm gar nicht erst versuche zu erklären, was das Dritte Reich überhaupt heißen sollte. Das ist zu viel für einen zehnjährigen Knaben. Ich beschließe, mit ihm das Jüdische Museum in Berlin aufzusuchen. Auch dort legen wir wieder einen schlendrigen Gang ein. Zwei Flaneure spazieren durch die jüdische Geschichte. Dort hat dann Kolja ganz praktisch und durchaus sinnlich erfassbar ein paar Eindrücke in sich aufgenommen.

An jenem Tag, als ich mit meinem Sohn im Jüdischen Museum 5000 Jahre Geschichte locker hinter mir ließ, um ihm dann doch ein Stück zwanzigstes Jahrhundert näherzubringen, blieb er ganz irritiert vor einem Foto stehen. Man sah darauf Hans Rosenthal und mich. Auf diesem Foto bin ich ungefähr so alt, wie Kolja heute ist. »Papa, wieso hängst du denn hier im Museum? Du bist doch noch gar nicht tot?« Ich antworte: »Ausnahmen bestätigen die Regel!« Das ist dann wohl doch nicht sinnlich genug formuliert für einen Knaben. Kolja geht nahtlos zu einer Kurzparodie über. Er klemmt sich ein Stückchen Schokolade unter seine Nase, damit er ein Hitler-Bärtchen hat, und sagt: »Mein Papa war der *disco-*Führer!« Ich lache, Kolja lacht, und Hans Rosenthal – längst in einer anderen Sphäre – drückt ein Auge zu ... Sein drittes!

»... Papa, was war DISCO ... ... als du in dem Jahr 50 wurdest?«, fragt mein Sohn.

Kolja hatte auf meinem Schreibtisch die Zahl Fünfzig gelesen; ein alter Artikel lag da auf dem Tisch zwecks Recherche für mein Vorwort einer CD. Ich antworte ihm pflichtgemäß: »1975 war die fünfzigste *disco*, aber ich selbst war erst dreiundzwanzig!«

Kolja hakt nach ... »Und immer noch in Marianne Rosenberg verliebt?« Er hat wieder mal diesen verschmitzten Blick drauf. Eher wie ein angehender Jungredakteur eines Klatschblattes, als in der Rolle des unschuldigen Sohnes unterwegs. Dementsprechend kneife ich die Augen zusammen und flüstere ihm geheimnisvoll ins Ohr: »Ja. War ich. Aber das war streng geheim!« »Warum?« »Nun ja, meine Eltern rieten Marianne und mir dazu. Damit wir frei seien für unsere Fans und sich andere auch noch Hoffnung auf uns machen könnten. »Besetzt!!!«, posaunt nun Kolja laut heraus und imitiert einen Pups. »Das ist unappetitlich«, sage ich und spüre mal wieder, dass ich als alter Vater die Messlatte für einen guten Umgangston recht hoch hänge. Je niedriger der Ton ausfällt, desto höher. In einer Welt der Ausfälligkeiten.

Kolja weiß das, bleibt beim Thema, fragt aber dementsprechend vorsichtiger: »Und was war noch alles geheim in den Siebzigern?« »Boney M.«, antworte ich. »Wer is'n das?« Korrekt gebe ich zu verstehen, dass dies eine schwarze Gruppe war, die Sachen sang wie z. B. »Sunny«. Ich tippe das Lied kurz an, Kolja gefällt das,

»... Papa, was war DISCO ... ... als du in dem Jahr 50 wurdest?«, fragt mein Sohn.

denn als mein Sohn fühlt er sich durch »Sunny« sofort persönlich angesprochen. Dann fragt er: »Aber wenn sie so geheim waren, diese »Boney M.'sen«, konnten sie doch gar nicht auftreten?« Das fand ich durchaus folgerichtig gefragt. »Nun ja, sie traten auf, sangen auch ganz toll, aber am tollsten sang der Tänzer. Und der konnte gar nicht singen. Seine Stimme hatte ihm der Produzent geliehen. Frank Farian hieß er und machte heiße Singles.« – »Was ist eine Single?«, fragt Kolja. Anhand dieser kleinen unschuldigen Frage wird der Altersunterschied zwischen uns mal wieder ganz deutlich. »Singles waren früher kleine Schallplatten, und heute sind es Menschen, die nicht heiraten wollen«, erkläre ich ihm.

»Wollen'se nich oder könn'se nich?« »Das kommt auf den einzelnen Menschen an. Ich zum Beispiel wollte damals immer gleich heiraten, habe es aber nur auf *eine* Ehe gebracht!« »1975??« »Nein, ich habe einfach das Jahr der Frau abgewartet.« »Häää??« »Weißt du, Kolja, das Jahr der Frau sollte Mitte der Siebzigerjahre herausstreichen, wie wichtig die Frau ist.« »Für wen?« »Für uns alle!« Das sieht Kolja ein: »Stimmt. Ohne Frauen keine Kinder. Und dann wäre ich gar nicht auf der Welt. Und ich könnte nicht einmal eine Freikarte für deine Theaterstücke bekommen.« »Stimmt!« »Und wie lange ging das so bei dir?« »Was?« »Na, das Jahr der Frau?«, fragt Kolja ... Weil doch Zeit bei Kindern eine andere Wertigkeit hat. Ich dachte kurz nach und sagte: »Ein Jahr hat zwar immer noch 365 Tage, aber das ist natürlich alles Verhandlungssache!«

Kolja wiederholt das Wort »Verhandlungssache«, als hätte er das begriffen, und ich hoffe, dass damit das Thema erledigt ist. Wir hatten gerade Abendbrot gegessen, und deshalb fragte ich zu Recht: »Kolja, ohne nostalgisch zu werden, wann putzt du dir denn mal wieder die Zähne?« Darauf Kolja: »Verhandlungssache!« Der Kleine versteht mich eben immer nur dann, wann es ihm in den Kram passt. Um ihm jedoch eine atmosphärische Vorstellung von den Siebzigern zu geben (und damit auch Ihnen), resümierte ich:

»Nun ja, mein Jahr der Frau zog sich so über zwanzig Jahre hin. Anfang der Neunziger fing ich an, etwas mehr über Frauen zu begreifen. Und im Jahr 2010 hatte ich dann endlich die nötige Reife!« »Wofür?« – »Für dich, Kolja.« Da gluckst mein Sohn.

Übrigens: falls Sie noch kurz zwei historisch nicht ganz unwesentliche Punkte zum Jahr 1975 zur Kenntnis nehmen möchten: der spanische Diktator Franco stirbt, und der Wackel-Dackel wird geboren.

Sprung in die Achtziger:
Anno '82 – Ich wollt' nicht immer
»DISCO« sein …

Ich wollte schreiben. *disco* war für mich gestorben. Und in der *taz* brachte ich richtig Leben ins Sterben. Wenn ich an den Tod denke, nicht prinzipiell, aber speziell in den Achtzigern, fällt mir immer meine freie Tätigkeit bei der *taz* als Totengräber ein – weil ich eine Zeit lang eine Art Nachrufexperte für das Blatt war, schlecht bezahlt, aber gut gelaunt.

Renée Zucker hatte mich weiterempfohlen, und meine erste Auftraggeberin war Christiane Peitz, die heute für den »Tagesspiegel« arbeitet. Ich sollte »Ginger und Fred« von Fellini rezensieren. In einem Leserbrief wurde die Frage gestellt, wer sich hinter dem Pseudonym »Ilja Richter« verberge. Ich verbarg mich doch gar nicht! Ich war nur unsichtbar geworden.

Wie gesagt, ich wurde Spezialist für Nachrufe. Wenn mal wieder ein deutscher Showstar oder Fernsehmensch gestorben war, fiel den *taz*-Kollegen offenbar sofort mein Name ein: Lebenslicht aus – Ilja anrufen!

Ich habe nicht ungern Nachrufe geschrieben, gerade weil ich die Toten meist kannte oder sogar mochte. Und weil ich traurig war, während ich schrieb. Auf diese Weise konnte ich ihnen noch einen Freundschaftsdienst erweisen. Mit meinem Nachruf sammelte ich meine Gedanken über sie und nahm selbst Abschied. Zum Beispiel von Hans Rosenthal. Das las sich dann folgendermaßen:

»Herr Rosenthal, der für mich Hans war, ist tot. Mir graut vor seiner Begräbnisfeier. Wenn die nämlich so ausfallend ausfällt wie jene böse schwarze Show für Peter Frankenfeld, weiß ich nicht, was ich tue. Damals trampelten Fans über die Gräber, um Autogramme der prominenten Trauergäste zu ergattern.

Zu wem passt der Tod schon? Zu diesem Mann am wenigsten. Zu ihm passte es, Zukunftspläne für die nächsten zwanzig Fernsehjahre zu schmieden. Pläne, die von der Presse oft kritisiert wurden, aber beim Publikum immer ankamen.

›Ankommen‹, das magische Zauberwort der Showleute. Bei Hans kommt noch etwas Entscheidendes dazu: als Jude die ganze Familie verloren zu haben – auf weggemordete Weise, als kleines Kind im Verschlag einer Laube von einer mutigen Frau versteckt, immer in Angst, entdeckt zu werden. Auf die Freiheit zu warten, lässt zwei Möglichkeiten zu: entweder du kämpfst nach der Befreiung ein Leben lang gegen den Faschismus oder du wirst nach dieser Apokalypse ein lebenshungriger Verdrängungskünstler.

Rosenthal hatte Kohl bei sich daheim zu Gast, nahm den Bundesverdienstorden entgegen, ließ bei ›Dalli Dalli‹ nie ein Wort gegen den Strom fallen. Gewiss! Das ist nicht deine und nicht meine Welt. Aber: Wenn du ihm das verübelst, musst du dem jüdisch-konservativen Lager der Zwanzigerjahre vorwerfen, genauso national wie die anderen, genauso blind wie die anderen und überhaupt genauso wie die anderen gewesen zu sein.

Hans Rosenthal nahm den Mittelweg. Er lehrte eine ganze Nation, die einen Antisemitismus ohne Juden pflegt, gerade ihn zu lieben. Ich habe ihn sehr gern gehabt.« So schrieb ich damals.

Im deutschen Journalismus lässt man Nachrufe auf Juden gern von anderen Juden schreiben. Da ist man auf der sicheren Seite und muss sich nichts nachsagen lassen. Und Rosenthal war für die linke »taz« ein besonders schwieriger Toter, wegen seiner CDU-Nähe. Lasst das mal den Ilja machen!

In einem anderen Nachruf, dem auf Wolfgang Neuss, habe ich, den Gesetzen der Pietät gehorchend, nicht die ganze Wahrheit gesagt. Ich habe Neuss oft besucht, in seiner Matrazengruft, aber irgendwann hielt ich es bei ihm nicht mehr aus. Die Beschimpfungen und Rausschmisse waren mir zu viel geworden.

Neuss machte es seinen Freunden nicht leicht, ihn zu mögen. Er konnte so aggressiv werden, dass seine Gäste Angst vor ihm bekamen. Wenn er spürte, dass jemand ihn verehrte, was bei mir der Fall war, wurde er besonders unangenehm. Das Gleiche passierte, wenn jemand bei seinem blitzschnellen Pointen-Pingpong nicht mitspielen konnte. Andererseits durfte der andere auch nicht zu intensiv mitspielen, denn er ertrug es nicht, dass jemand ihm die Show stahl.

Nach einem Jahr Funkstille wollte ich den Kontakt zu ihm wieder aufnehmen. Ich bat Hannelore Kaub, genannt Hanno, eine gemeinsame Freundin, bei ihm vorzufühlen – ob er sich freuen würde, wenn ich mal wieder vorbeischaute. Neuss war schon seit längerer Zeit krank, er hatte Krebs. Hanno Kaub fragte ihn also, und Neuss ließ mir ausrichten: »Komm doch vorbei, du alte Pflaume. Du bist willkommen.«

Zwei Tage später war er tot. Statt ihn zu besuchen, schrieb ich einen Nachruf, ausnahmsweise nicht in der *taz*, sondern in der *Abendzeitung*:

»Berlin-Charlottenburg. Lohmeyerstraße 6. 80 Quadratmeter Deutschland. Dort lebte Wolfgang Neuss. Dort liefen seine Filme. Nicht im Kino. Wolfgang selbst war der Film.

Du kamst und zahltest – als Minimum! – einen Hunderter. Ein Ritual, dem die halbe Kabarettbranche folgte, die es sich aber in letzter Zeit mehr und mehr versagte. Wegen des Geldes? Nein. Ein Besuch bei Neuss war sehr oft fruchtbar und manchmal furchtbar. Dieses ›manchmal‹ blieb eben bei manchen hängen. Auch bei mir. Ich hatte mich ihm ebenfalls eine längere Zeit entsagt. Kurz vor seinem Tod, von dessen Nähe ich noch nichts ahnte, wollte ich mal wieder hin. Ich wusste, dass er sehr krank war. Hannelore Kaub vom Kabarett Bügelbrett sagte: ›Er freut sich auf deinen Besuch.‹ Und: ›Nun ist er sogar für eine Umarmung dankbar.‹«

Nicht zeitgleich, aber innerhalb dieser Zeit des Sterbens von Wolfgang Neuss starb im Parkett des Hansa-Theaters ein Zuschauer. Ich unterbrach meinen Part des Eugen Rümpel in »Pension Schöller« wegen eines auffälligen Röchelns dort unten im Parkett. Ich schickte das Publikum nach Hause. Daraufhin rief mich am nächsten Tag der Theaterdirektor an. Er machte gerade auf Mallorca Ferien. »Hättste nicht bis zur Pause weiterspielen können?!«, fragte er mich. Worauf eine Pause entstand. Der Herr Direktor ruderte geistig zurück. Die Pietät hatte ihn auf Mallorca dann doch noch erreicht. Wenn nämlich bis zur Pause gespielt wird, muss das Theater nicht die Eintrittsgelder zurückerstatten.

22. November 1963. Berlin, Theater des Westens. John F. Kennedy erliegt den Schüssen des Attentäters. Wir spielten weiter bis zur Pause! Ausgerechnet »Annie Get Your Gun«. Da es einige Amerikaner im Ensemble gab, war man empört über die Entscheidung der Direktion. Und ich war sauer, dass ich früher ins Bett musste. Ich war elf. Und dann fiel auch noch mein Geburtstag auf Totensonntag. Zu jung, um die Situation zu erfassen, was es bedeutet, wenn ein Mensch stirbt; gar ermordet wird. Aber recht bald, vielleicht nur ein paar Wochen später, sahen meine Eltern und ich einen Bericht aus Amerika. Die Souvenierindustrie vertrieb inzwischen Porzellansalzstreuer in Form eines Kennedy auf einem Schaukelstuhl. In seinem Rücken befanden sich fünf Löcher. Ich schaute meinen Vater an, er schaute ernst zurück: »Der Mensch ist zu allem fähig. Zum Schönsten und zum Gemeinsten.« Mein Bewusstsein für Ungerechtigkeit hat sich seitdem von kindlicher Selbstverständlichkeit bis hinein in meine Jetztzeit gefestigt. In Erinnerung an die Zeit mit meinem Vater, da er mir peu à peu von

Menschen berichtete, die anderen Menschen etwas antun – oder aber sich einmischen, schau ich immer wieder auf die Kinder. Auf die Kinder dieser Zeit.

Neulich in der U-Bahn: Kleine Kindergruppe zwischen zehn und zwölf Jahren. Fröhlich. Laut. Pfiffige Gesichter. Liest der eine laut vom Monitor ab: »Guck mal, Schweigeminute in Japan. Als Erinnerung der Opfer von Fukushima.« Fragt der andere: »Und wenn einer in dieser Minute ›Hatschi‹ macht, weil er niesen muss?« Darauf der andere: »Muss er Strafe zahlen.« Und das meinte er nicht als Witz. Und ich denke an meinen Vater. Wenn nicht irgendjemand unseren Kindern über die Schultern guckt, werden sie Gefahr laufen, Herzlosigkeit wie einen Schnupfen zu empfinden. Die Unfähigkeit zu trauern, ist eine Volkskrankheit.

Alexander Mitscherlich (Psychoanalytiker und Schriftsteller) traute das nur den Deutschen zu. Heute wissen wir es besser. Gleichgültigkeit ist ein internationales Problem. Und Mord und Totschlag bleiben etwas Unnatürliches. Der Tod hingegen ist etwas Natürliches. Warum gehen wir so verkrampft mit ihm um?

»Der Tod ist total demokratisch«, sagte Heiner Geißler in der Zeitung »Die Zeit«. Machte sich Gedanken über das Ende. Mord und Totschlag, von Menschen umgesetzt, ist das eine, der Tod jedoch als Mitarbeiter Gottes und nicht als düsterer Geselle, das andere. Diesen Unterschied zwischen Leben und Tod und Leben und leben lassen auf eine sinnliche Weise weiterzugeben, erscheint mir so schwer wie noch nie. Alles ist erleuchtet. Die ewige Nacht wird ignoriert. Ich wünsche unseren Kindern ein helles Leben. Und mehr Normalität im Umgang mit der Vergänglichkeit.

Nicolas Boileau, ein am Hofe Ludwig XIV. gern gesehener Gast, resümierte eines Abends in einer Unterhaltung über die Vergänglichkeit mehr so vor sich hin: »Alle Menschen müssen sterben …« Darauf folgte ein strafender Blick des Sonnenkönigs, und Boileau korrigierte sich lächelnd: »Fast alle Menschen, Sire, fast alle.«

Zurück zu uns Normalsterblichen.

Wenn der alte Heiner Geißler, jener trotzige Spät-Linke, sich von seiner konservativen Linie entfernt und jungen Menschen durchaus eine Perspektive gibt, ist das erfreulich. Du kannst nicht immer sechzig sein und die entscheidenden Dinge des Lebens in den Griff bekommen. Immerhin war es Geißler, der manchmal rhetorisch auf Abwegen war, besonders dann, wenn es um die SPD ging. Abstrus. Seit Jahrzehnten erklettert Geißler Berge und muss irgendwann in schwindelnden Höhen einen überraschenden Tiefgang erreicht haben. Die *Süddeutsche Zeitung* fragte Geißler, welche Rolle denn die Altersweisheit heute noch in der Politik spiele. Darauf Geissler: »Es ist doch in der Regel so, dass sich die Fünzigjährigen in den Parlamenten und Ministerien abstrampeln und die Alten nachher in den Talkshows ihren Senf dazugeben. Ich habe mit mir selber einen Pakt geschlossen, eine Agenda, sagen wir – Agenda 100. Das heißt, ich gestalte mein Leben so, dass ich hundert Jahre alt werden könnte. Dann muss ich mir darüber im Klaren sein, dass mein Herz, meine Nieren, meine Leber meine Freunde sind, die mir gehören, die mir helfen zu leben. Dann kann man sein Alter gestalten, und der Tod ist – wenn nichts dazwischenkommt – ziemlich weit weg.«

Womit wir wieder bei Wolfgang Neuss angelangt sind, der uns einen Satz hinterließ, den ich »Buddhismus in zehn Sekunden« nenne: »Es kommt nichts weg.« Sollten Sie den Satz schon zur Kenntnis genommen haben, macht das nichts, man kann das gar nicht oft genug versuchen zu verinnerlichen.

Ein Vaterunser ist wie ein Telefonat mit Gott. Und wenn Sie ihn am anderen Ende nicht hören können, steht irgendjemand auf der Leitung – meistens wir selbst. Der als Orakel von Bergedorf hoch geschätzte Helmut Schmidt wird ja von allen angerufen. Er ist gewissermaßen das geistige Telefon dieser Republik. Schmidt zu erreichen, ist allerdings schwieriger, als mit dem lieben Gott zu telefonieren. Der hat ja überall zu tun, und außerdem hat er 'ne neue Freundin. Nicht der liebe Gott, der Schmidt. Und wenn es mit dem Kontakt zu Gott oder Herrn Schmidt nicht geklappt hat, blieb 2012 immer noch die Möglichkeit, mit Bismarck zu telefonieren. Das ist ja im Prinzip dasselbe. Nach einer Information im Magazin *Die Zeit* konnte man über eine Seite im Internet die Originalstimme des Eisernen Kanzlers hören. Dort sang er zur Überraschung aller Konservativen den Anfang der »Marseillaise«, also der Welthymne der Revolution. So viel Freiheit, Gleichheit, Brüderlichkeit muss dem anderen Kanzler wohl zu viel gewesen sein. Der Alt-SPD-Mann zitiert ja, wenn wir uns mal wieder – seiner Meinung nach – zu sehr in die inneren Grausamkeiten von China eingemischt haben, »seinen« Konfuzius. Resultat: Ex-Kanzler Schmidt spricht. Ex-Kanzler Bismarck schweigt. Einfach vom Netz genommen, den Eisernen! Ich sage: Schmidt hat intrigiert. Einfach zu revolutionär, dieser Bismarck!

Ode an alte Väter

Meine Ode an alte Väter wendet sich weniger an die Promiväter ab sechzig aufwärts, vielmehr an das anonyme silbergraue Meer. Diese etwas am Rande stehende Gesellschaft von Gentlemen, die es in allen Berufen zu entdecken gibt. Nicht zuletzt hat Sven Kuntze mit seinem Buch »Altern wie ein Gentleman« ein wunderbares Selbstportrait abgegeben; vor allem aber mit der Beschreibung von ganz normalen, unbekannten Menschen in einem Altersheim, in dem er sich ein paar Monate aufhielt, eine Lanze für ältere Menschen gebrochen. Ein ungebrochener älterer Herr und Beobachter seiner Zeit. Völlig losgelöst vom Zeitgeist überhöhter Männlichkeitsrituale. Ihr Jungpapas, nehmt es mir bitte nicht übel, ihr manchmal etwas frühsenil in die Landschaft schauenden Rennwagenfahrer, ohne je wirklich Rennen zu fahren, höchstens zu rasen; ihr ständig und überall eure Kinder als »Kids« bezeichnenden Zeitidioten, verfolgt vom Jugendwahn, der euch zwangsläufig einholen wird, wenn ihr wie in der Sparkassen-Reklame vor ein paar Jahren einen Urschrei von euch gebt und die junge Frau ins Badezimmer stürmt: doch kein Mord ist geschehen, oh nein: Männchen hat das erste graue Haar entdeckt! Hier trifft ein Werbespot ausnahmsweise mal den Kern: Altern ist nichts für Feiglinge – dieser von Joachim Fuchsberger okkupierte Titel seiner Lebenserfahrungen als alter Mensch stammt aber bezeichnenderweise von Mae West. Wieder eine Frau, die es einfach besser auf den Punkt bringt!

Altern ohne Altersstarrsinn! Dies sei ein Ziel, auf's Innigste zu wünschen! Und was macht ihr? Ihr jungen Väter? Nicht selten seid ihr ziemlich albern drauf.

Ode an alte Väter

Ich beobachte dich, junger Freund, wie du dein Notebook in Position bringst. Technologie verinnerlichst als einzig Quell. Unfähig, der jungen Dame vis-à-vis über deinen Bildrand mal hinaus so einen kleinen Flirt zu bieten; nix da! Denn statt Niveau nur Neo-Rokoko.

Wann hast Du, lieber junger Zeitgenosse,
das letzte mal ein Buch gelesen,
anstelle von Tabellen, Daten, Plänen?
Ich mein, mit vielen Blättern, echten Lettern,
so herrlich unpraktisch
wie haptisch.

Modern ist für Euch »Herrn«,
wenn Euch vor'm Kind Worte wie »Fick« und »Fuck«
wie Fix und Foxi auszusprechen frommt.
Und Moby Dick Euch höchstenfalls
bei Mövenpick noch unterkommt.

Mein Testament als Kinovorspann

Ab sofort mach ich Kino. In meinem Kopf. Mit einem juristischen Trick habe ich für meine Zukunft als Toter vorgesorgt. Mit einem Testament kann man immerhin die zurückgelassene Welt verändern. Eine kleine Welt. Deine!
Testamentsvollstreckung. Filmvorspann. Die Namen nicht ganz unbekannter Leute werden eingeblendet, während mein Notar zur Sache kommt.

»Liebe Hinterbliebenen! Ich heiße Sie in meiner Kanzlei willkommen. Der Verstorbene wünschte, dass ich mich kurz fasse. Gestatten Sie mir also, ganz im Sinne meines dahingeschiedenen Mandanten, dieses Kuvert zu öffnen.«

Mein Kinovorspann endet mit dem Abspielen einer Tonkassette. Von mir. Nun spricht der Tote persönlich! (Also ich!) Viel Vergnügen! Sie hören die Aufnahme:

Liebste Anna! Lieber Sohn! Liebe Familie! Liebe Freunde! Liebe Freundinnen! Schön, dass Ihr alle gekommen seid. Und damit auch gleich zu meinem Wunsch, den nur einer in die Tat umzusetzen im Stande ist: mein Sohn! Geliebter Kolja, ich wünsche in mecklenburgischer Erde zu Grabe getragen zu werden. In einem Sarg ohne Griffe. Nicht lackiert, schmucklos; wie es sich für ein orthodoxes jüdisches Begräbnis ziemt. In Anwesenheit eines Rabbis und zehn Männern, die man nun mal braucht fürs Kaddisch. Du weißt ja, lieber Kolja, was ein Kaddisch ist: ein Totengebet. Das solltest Du schon sprechen – für Deinen alten Herrn, – und sind weniger als zehn Männer anwesend, findet die, ja, wie soll ich jetzt sagen, Veranstaltung?, nicht statt. Denn das ist schließlich ein jüdisches Begräbnis, mein lieber Sohn. Ich weiß, Du bist nicht jüdisch erzogen worden, ich auch nicht. Wieder ein Punkt, der uns verbindet.

Ich war ein Kind,
das durfte nie als Jude sich bekennen.
»Sag Atheist«, sprach Vater
und fand meinen Hang zur Protestantenlehrerin
mehr komisch;
doch konnte uns nach diesen intensiven Stunden nichts mehr trennen.
Da stellt sich raus:
Der Jesus war nicht mal katholisch!
Geschweige protestantisch!
Ich musste mit ihm brechen
und wollte unbedingt mit seinem Vater sprechen.

Kommentar als Blick zurück nach vorn:

Armer Kolja! Einen Rabbi für's Begräbnis aufzutreiben, der nicht nur den nötigen Humor besitzt, mich in nichtjüdischer Erde (Mecklenburg) zu begraben, sondern auch noch die dazu notwendige Chuzpe, würde ich schon gern erleben:

Zehn Männer, die – über die jüdische Gemeinde hinweg – ein Kaddisch sprechen; in meinem Garten, gleich hinter'm Häuschen, unter'm Nussbaum. Das wär's doch. Ich hätte unbedingt den Rat von Lothar Schöne gebraucht, dem Verfasser des Buches: »Ein jüdisches Begräbnis«. Nicht jüdisch erzogen, sondern protestantisch, war es ihm genau wie mir ergangen. Er hatte eine jüdische Mutter gehabt (wie sehr wir uns ähneln), gerade deshalb wollte diese Mutter ihrem Sohn wohl jede Form von Schmerz ersparen. Am Ende ihres Lebens wollte sie ein jüdisches Begräbnis von ihrem nichtjüdischen Sohn organisiert bekommen. Das hat mich inspiriert und meinen Anwalt irritiert. Die Frage, ob mir Kolja irgendwann ein jüdisches Begräbnis auf nichtjüdisch-mecklenburgischer Erde organisiert, bleibt vorerst Kintopp.

Kolja wird vielleicht, wenn er mal sechzig ist, wie ich heute, vor unserem Häuschen stehen und verwundert fragen: »So klein?« Sie kennen das sicher. Dieses Aufsuchen einstiger Paradiese der Kindheit und die große Enttäuschung darüber, wenn die Erinnerungen unseren verdorbenen Augen einfach nicht mehr der Realität standhalten. Wie lange noch? Eines Tages wird mein Sohn vielleicht im Garten dort hinter dem Häuschen stehen und vor dem mächtigen Nussbaum staunend ausrufen: »So groß?!«, weil es damals noch ein Bäumchen war, das ihm ebenbürtig schien; und nun das! Zärtlich streichelt Kolja an jenem Tag, der noch gelebt werden will, dann mit seinem festen Wanderschuh über das Laub; berührt jene Stelle, an der ich verwundbar bin, ich meine: war; denn es ist die Stelle, an der ich doch begraben werden wollte. Wie ein Stadtindianer: »Begrabt mich an der Biegung des Swimmingpools.« In meinem Garten; hinter unserm Häuschen.

»Schade!«, sagt dann mein Sohn (vielleicht), aber ich schreib das jetzt schon mal so auf, mit meinem vorauseilenden Gehorsam der Phantasie. Denn so läuft es gerade ab in meinem Kopf. So könnte es sein. Vielleicht im Mai. An jener Stelle, hinter'm Haus, an der ich begraben werden wollte und es nicht sein sollte. Weil nicht sein wird, was nicht sein kann. Wegen der Bestimmungen. Hatten mal wieder intrigiert, die verflixten Wald- und Wiesenämter, wird es heißen. »Schade«, werde ich dann von woher auch immer ins Wohin-auch-immer flüstern. Denn der Wind kann nicht lesen, aber er ist nachtragend. Wie ich. Und so pustet er vor sich hin: »Er wollt so gern neben dem Nussbaum liegen, der Richter.« *Richter und Nussbaum.* Das hätt so schön gepasst. Aber –

selbst Herr von Ribbeck auf Ribbeck im Havelland,
ein Birnbaum in seinem Garten stand.
Der steht dort jetzt nicht mehr
man braucht nicht zu warten
auf Avancen der Toten in jedwedem Garten.
Ob Jude oder Arier,
Bourgeoise oder Proletarier,
die alle längst Verscharrten –
nichts zu hörn.
Auch von Fern
kein Ribbeck von wegen:
»Na, Deern! Willst 'ne Beern?«

Keine Ahnung, ob das wieder dieser Verfolgungswahn der DDR bis über das Grab hinaus war, den Birnbaum wegzuholzen. Und da, wo kein Birnbaum mehr steht, da liegt natürlich auch kein von Ribbeck mehr. Birnbaum vernichtet. Adel verzichtet. Der neue Birnbaum ist nur ein Lichtdouble und von ganz anderem Holz. Wenn Sie mich fragen, ist Herr von Ribbeck auf Ribbeck längst auf anderen Schiffen unterwegs. Wie sagte Monsieur Ibrahim so schön: »Wenn du dein Menschsein verlassen hast, dann wirst du zu einem Engel. Dann hast du mit der Erde nichts mehr zu tun.« Und ich sage: »Da liegt der Hund begraben!«

Kleine Geschichte
(aus einer versunkenen Welt)

In einem Stetl, einem Dörfchen also, irgendwo in Galizien, trägt die kleine jüdische Gemeinde den miesesten und unbeliebtesten Mitbewohner Naphtan Grünspan zu Grabe. Die zehn frommen Männer für's Kaddisch hat man mühevoll noch zusammentrommeln können. Auf einer sehr verhaltenen Trommel. Das würde Gott ja sehen, wenn's nicht zu dem Gebet käme. Nur für die guten letzten Worte über den Toten reicht es nicht. Beim besten Willen nicht. Kein Mensch hat auch nur ein einziges gutes Wort für diesen miesen Sege (Kerl) übrig. Da überreden sie den Dorftrottel, Schlomo Blau, für eine halbe Handvoll Rubel doch etwas Gutes über den alten Grünspan vor der Gruft zum Besten zu geben. Der gutmütige, leicht schielende Kretin lächelt in alle Himmelsrichtungen, nickt, schaut nach oben, dann wieder ins tiefe Loch, noch einmal in die verlegene Gemeinde und meint dann leise nickend: »Gebratene Äpfel hat er gern gegessen!«

Mit Recht dürfen Sie fragen, wohin so eine Begräbnisgeschichte bitte schön führen soll. Darauf könnte ich die Arme anwinkeln, gen Himmel schauen und mit einem »Oiweh!« dementsprechendes antworten, aber ich bin nicht Tevje, der Milchmann; und wie sollte ich mit angewinkelten Armen, den Blick nach oben gerichtet, etwas halbwegs Lesbares zu Papier bringen. (Ja, ich schreibe noch mit einem Füller.)

Trotz meiner jüdischen Wurzeln lebe ich kein jüdisches Leben; die kleine Geschichte aus dem Stetl, die Sie da eben gelesen haben, aus einer längst dem Erdboden gleichgemachten Welt, versunken für immer, transportiert aber immerhin etwas über die Unfähigkeit zu trauern; hatte einst der Psychologe und Soziologe Alexander Mitscherlich den Nachkriegsdeutschen unterstellt, ihre Schuld am Holocaust nicht in einer ehrlichen Trauerarbeit umsetzen zu können (oder wollen), braucht man aber gar nicht so tief in die Psyche der Volksseele zu blicken; ein Blick auf die Todesanzeigen irgendeiner Tageszeitung tut es auch. Prompt stellst du fest: die ganze Welt beklagt nur Davongegangene, die »zu früh« gerufen worden sind; von Gott, versteht sich. Das Schicksalsbuch verzeichnet nämlich, wenn es nach diesen Todesanzeigen geht, nur gute, ehrliche, opferbereite Gebende. Jeder Gegangene ist garantiert ein Gebender gewesen. Das lassen sich die Hinterbliebenen nicht nehmen. Das alte jüdische Sprichwort »Man soll Toten nichts Gutes nachsagen« wird hierbei nicht beherzigt.

Bei so viel Abschiedspathos ist ein Schelm, der da fragt, auf welchen Friedhöfen denn nun die ewig Nehmenden in Gottes Namen endlich Ruhe geben; wo soll das sein? Wer wagt schon, an den Rand der Grube vor versammelter Trauergemeinde zu treten und dann gottesfürchtig zu sagen: »Ob der Verstorbene nun erlöst ist, sei dahingestellt, jedenfalls sind wir erlöst, dass der miese Vogel endlich weg ist.«

Reinhard Mey hat in seinem Lied »Das wahre Leben« über bestellte Trauer sehr Vortreffliches gereimt: »Endlich hat der Sensenmann der Zecke den Rüssel gekappt, hat ihm die Lampe ausgeschossen und die Hufe hochgeklappt.«

Was also die passende Wortwahl von Todesanzeigen betrifft, lege ich am besten vorsorglich fest, was eines Tages in meiner Annonce stehen soll. Damit das letzte Inserat über mein Leben nicht auch noch in die Hose geht. Wie wäre es denn zum Beispiel mit den drei Worten: »Tschüss, Euer Ilja!« Ich sag das mal unter Vorbehalt. Der Stein kann ja auch einen Schlitz haben. Für kritische Anmerkungen.

Wo auch immer, ob für Genies oder solche, die es werden wollten, ein stilles Plätzchen wartet, empfände ich so einen Schlitz im Marmorgrabstein für Beschwerden aller Art als durchaus angemessen.

Falls Ihr vor meinem Grabstein steht – dem mit dem Schlitz –
erzählt mir keinen alten Witz.
Ich kenn sie alle.
Werft lieber mir was vor, werft mir was ein.
Es liegt so viel in unser aller Welt umhülltem Äther.
Werft mir was nach. Nur zu! Nur zu!
So soll es sein.
Lesen tu ich später!

Schreiben Sie sich eine Grabrede!

Aus der Fabrik Ihrer ganz persönlichen Phantasie entwerfen Sie etwas, um einmal zu sehen, was Sie von sich selber halten. Aber auch, um sich ein paar Gedanken darüber zu machen, was die Nachwelt über Sie sagen wird. Schreiben Sie sich eine Grabrede. Das ist ein Kinderspiel! Kinder spielen doch manchmal »Ich bin tot«. Und um Sie auch ein wenig zu ermutigen, dieses Spiel zu spielen, schreite ich beziehungsweise schreibe ich voran, wie ich mir das für mich vorstelle.

Ich bin dann mal tot. Vorübergehend. Schauen Sie nur ... Mein Sohn Kolja, ein, wie Sie sich vorstellen können, unwahrscheinlich gut aussehender Mann (von wem hat er das nur?), tritt vor die Gemeinde. Es ist ein herrlicher Anblick. Alle Damen und Herren schwarz gekleidet, aber in Gummistiefeln. Nun ja, es ist um diese Jahreszeit ein wenig schlammig in meinem Garten in Mecklenburg. Mein Sohn hat sich an die Verabredungen gehalten. Klar. Er war scharf auf's Haus. Auf's Häuschen. Es ist ein bescheidenes Häuschen. Es ist auch eine bescheidene Gemeinde. (Handverlesen, klein, aber humorvoll.) Ich weiß schon, wen ich zu meinem Begräbnis einlade. Beziehungsweise, Anna und ich haben das x-mal durchgesprochen, und ich versichere Ihnen: am Ende wurde die Liste immer kleiner. Humor ist Mangelware. Jene, die ihn haben, sind rar. Da stehen sie nun alle, auch der bestochene Beamte wegen der illegalen Beerdigung. Mein Sohn räuspert sich. Er schaut auf den Sarg, der neben dem ausgehobenen Loch bereitsteht zur Absenkung. Kolja bemüht sich um ein Lächeln: »Du warst schon mal komischer!«, sagt er. Nun schaut er auf ein handgeschriebenes Blatt. (Es trägt meine Handschrift. War ja nur mal so 'ne Idee von mir.) Jetzt faltet er das Blatt aber ganz ordentlich zusammen. Zweimal tut er das, um es dann einfach zusammenzuknüllen und auf den Boden fallen zu lassen. (Und das in meinem Garten! Aber was misch ich mich ein. Erstens bin ich tot, und zweitens ist das jetzt sein Garten.) Kolja lächelt nun, klopft dreimal auf Holz und sagt: »Für drüben erst mal TOI TOI TOI!« So, wie er da auf das Holz klopft, hat das vor ihm mal, vor vielen Jahren, ein Knattermime in Düsseldorf getan. Er hatte ernsthaft mit einem TOI TOI TOI einen anderen Kollegen ins Jenseits verabschieden wollen. Da es bitterernst gemeint war, erntete er damit einen Lacherfolg in der schwarz gekleideten Gemeinde. Unabsichtlich! Aber Kolja klopfte sehr pointiert – und alle lachten, ohne sich zu genieren. Anna und ich wussten schon immer sehr genau, wen wir einladen.

Zurück zu meinem trauernden Sohn und der von mir geschriebenen Rede. »Dumm gelaufen,« sagt er jetzt. »Schauspieler wollte ich werden. Vor einem großen Publikum auftreten. Nun stehe ich hier ...« (Kolja hebt verlegen das zerknüllte Papier wieder auf, also die von mir geschriebene Rede.) Er schluckt, öffnet das Blatt kurz, schaut rein – schüttelt den Kopf ... »Nein«, sagt er jetzt, »Papa, ich weiß, das war nur mal so 'ne Idee von dir. Aber dieser Witz hier, also der mit den gebratenen Äpfeln und dem Dorftrottel, den fand ich damals schon nicht gut; in diesem Buch ...« (Er lässt das Blatt in seiner Hosentasche verschwinden.) Nun improvisiert mein Sohn völlig frei von meinem Geschriebenen. Recht hat er. Es gibt keinen Neuschnee, und man soll nicht in den Fußstapfen vom Papa herumlatschen. Schon gar nicht hier im Schlamm von Mecklenburg. Koljas ovales Kindergesicht ist ja auch nicht mehr das Gesicht eines ganz jungen Menschen. Aber er lächelt ganz wie die Mutter. Und er ist ein Mann in den besten Jahren. Jaja, ich habe mir als zäher Knochen Zeit gelassen mit dem Abgang. Mein Sohn setzt in freier Rede fort:) »Wie oft,

Papa, bist du mit mir durch Berlin spaziert. Wirklich spaziert, nicht einfach nur gelaufen. Du warst ja wirklich noch ein Flaneur. Vielleicht der letzte Flaneur. Und ich immer hinterher. Schritt haltend. Als petit Flaneur. Nun ja, ich war erst neun. Ich seh uns noch, uns zwei mit den zwei original Borsalino-Hüten. Wie stolz ich war, wenn andere Menschen dich erkannten. Stolz aber auch auf unsere Hüte. Besonders auf meinen. Ich hatte mir ja das ganze Jahr einen solchen Borsalino-Hut gewünscht. Und eines Abends, auf dem Weihnachtsmarkt, hast du mir so einen Hut zum Preis von 25 Euro gekauft. Die Verkäuferin jedoch, sehr hübsch, das kam zum Preis erschwerend noch hinzu, machte dich diskret auf die schwächere Null hinter der Fünfundzwanzig aufmerksam. Du erschrakst: ›Was? Zweihundertfünfzig Euro?‹ Sie nickte. Aber es war Weihnachten, und am nächsten Tag musstest du schon wieder fort. Auf Tournee. Wie so oft. Und ich hab dich angeschaut mit meinem kleinen Borsalino, wie ein Kind eben schaut, das etwas haben möchte. Dann fiel der Satz, der wohl nur aus größter Armut heraus von dir einst kreiert wurde: ›Geld spielt keine Rolle …‹ Und dann zahltest du den Hut. Und am nächsten Morgen blieb ich zurück mit meinem Hütchen. Und du warst weg. Ich weiß …« (mein Sohn schaut nun ganz traurig auf den Sarg) »Deine Heimat liegt in der Bewegung.« (Kolja verbessert sich.) »Lag, wollte ich sagen. – Papa, kannst du mich hören? Ich geh mal davon aus.« Prompt setzt Regen ein. Ich liebe Regen. Kolja auch. Deckel zu, Affe tot. Mir gefällt's. Hier liegt ein Berliner. In Mecklenburg. Nun spannt die kleine, trauernde Gemeinde ebenfalls die Schirme auf, und ich bin mit diesem Anblick sehr zufrieden. Mir gefällt er, dieser nie gedrehte Film. »Die Regenschirme von Mecklenburg.« Mein Sohn faltet das Blatt wieder zusammen. Klar. Er schützt die Tinte, bevor hier noch eventuell irgendetwas wegfließt. Und im Ensemble vieler Regentropfen fallen seine Tränen nicht mehr auf. Oder sagen wir besser: sie fließen prima ineinander. Und weil ihm das jetzt alles vielleicht doch ein wenig viel wird, rettet er sich, nach alter Papa-Tradition, in einen allerletzten Witz. Er schaut auf den Sarg, dann in den Himmel und sagt ganz leise nickend: »Gebratene Äpfel hat er gern gegessen.« (Lacher. Auflösung der Gemeinde.)

Kaufen Sie sich 'nen Grabstein –
JETZT!

Es gibt ja heutzutage die »Sarg-Discounts«; dieses Wort muss man sich auf der Zunge zergehen lassen. Wie sagte mein Sohn: »Alles muss raus!« Diesen gern genommene Slogan für Schlussverkäufe setzte Kolja mit seinen zehn Jahren wie ein erfahrener alter Karikaturist in einer Zeichnung um: Man sieht darauf, wie eine geballte Ladung Särge goldbarrenähnlich das Schaufenster des Bestattungsinstituts zu sprengen droht. »Alles muss raus!«

Wenn ich Ihnen zum rechtzeitigen Kauf eines Grabsteins rate, dann natürlich nicht, weil Sie jener Karikatur folgend auf Grabsteinschnäppchenjagd gehen sollen. Nach über hundert Seiten dieser Lektüre sollten Sie mich ein wenig besser einschätzen; sagen wir: stilvoller ... mit einem Lächeln!

Folgende kleine Geschichte über den heiteren Umgang mit dem eigenen Abgang bringt uns vielleicht ein Stückchen weiter in Sachen Gelassenheit.

Es war einmal ein Schnorrerkönig, Poldi Waraschitz hieß er (und wie in jedem guten Märchen hat es ihn tatsächlich gegeben, diesen schnorrenden König). Und weil er schon gestorben ist, erzähle ich Ihnen heute etwas aus seinem Leben:

Poldi Waraschitz hieß er. Berühmt für seine wunderschönen weiblichen Begleitungen auf den Jetsetfesten der Fünfziger-/Sechzigerjahre – überall beliebt. Immer unterwegs, eine lebende Ausgabe des durch tausend Witze bekannten Graf Bobby. Gewiss nicht von Adel, aber österreichisch-ungarischen Geblüts. In der Kunst des Schnorrens hatte er es weit gebracht. Als ehemaliger Journalist war er längst seiner Profession untreu geworden. Er schrieb nicht mehr. Vielleicht ließ er irgendwann andere für sich schreiben. Zuzutrauen wäre es ihm. Und dann waren es bestimmt gewiss keine Doktorarbeiten, die er da in Auftrag gab. Vielleicht waren es eher Klatschkolumnen für die Vorläufer von *Gala* und *Bunte*. Poldi war großzügig im Umgang mit dem Geld anderer Leute! So hatte er sich luxuriöse Hotelaufenthalte und Reisen mit den Reichen erschnorrt, aber keinesfalls erbettelt. Poldi bettelte nicht. Man warb um die Anwesenheit des Herrn Waraschitz. Schon allein wegen seines Witzes. Ohne Witze zu erzählen. Witzeerzähler sind ja nicht immer die Humorvollsten. Er ließ sich also seine Anwesenheit mit den schönsten Orten dieser Welt bezahlen.

Ob er sich den Grabstein, den er schon zu Lebzeiten bestellt hatte, ebenfalls erschnorrt hatte, ist mir nicht bekannt. Durchaus denkbar, wenn auch nicht entscheidend für diese Geschichte. Viel entscheidender finde ich die Tatsache, dass er keinesfalls von Todesängsten geplagt war, jener legendäre Poldi Waraschitz, und sehr alt wurde. Lächelnd gab er einst zu Protokoll, dass er seinen Grabstein unter dem Bett aufbewahre. Viel auf Reisen, kann ich mir nicht vorstellen, dass der schwere Marmorstein mit auf Reisen ging. Vielleicht gab es ja doch irgendwo ein Zimmerchen, in das er sich irgendwann zur letzten Ruhe gelegt hat. Sie, liebe Zeitgenossin, lieber Zeitgenosse, sollen ja jetzt nicht die Kunst des Schnorrens erlernen. Es gab nur einen Poldi Waraschitz.

Aber kaufen Sie sich Ihren Grabstein jetzt – von Ihrem eigenen Geld. Wie Poldi! Ich rate Ihnen schon deshalb zu diesem Kauf, weil die lieben Verwandten eventuell günstige Lösungen für Sie nach Ihrem Ableben finden. Sorgen Sie doch selbst für einen Abschied – ganz in Ihrem Stil – mit einem Lächeln zu Lebzeiten. Nicht, dass ich Ihren engsten Verwandten zutraue, Angebote in den Katalogen der Sarg-Discounts nachzublättern. Ich denke da weit über den

Rand des Marmorsteins hinaus. Ich jedenfalls werde vom Grabstein bis zum Trauerfest die Art der Veranstaltung in die Hand nehmen. Solange sie noch nicht kalt ist! Und ich bin ebenfalls ein lebenslustiger Mensch! Todesängste kann ich über den Tod nicht ausstehen.

Abgang mit Stil! Freuen Sie sich, falls Sie zum Beispiel am Tag des Begräbnisses etwas, dass Sie sich zu Lebzeiten nie getraut haben auszusprechen, einem Menschen Ihres Vertrauens im wahrsten Sinne des Wortes anvertrauen. Auch eine Tonaufnahme ist nicht von schlechten Eltern. Sollten diese bereits tot sein, haben sie gar nichts dazu zu sagen. Sollten sie noch leben: auch nicht! Es heißt doch immer: »Man soll Toten nichts Schlechtes nachsagen«, ein ziemlich verlogener Rat. Drehen wir den Satz doch einmal um, dann wird etwas viel Lebendigeres daraus: »Tote sollten den Lebenden ruhig mal sagen, was sie so über sie denken.« Nehmen Sie Ihre persönliche Meinung einfach auf CD auf – das wäre die Version, die für Sie infrage käme, wenn Sie keinen Trauerredner Ihres Vertrauens ausfindig machen. Es sollte auf keinen Fall ein Comedian sein. Kein Stand-up-Comedian bitte. Die reden immer nur über sich! Und das Ganze verpackt mit alten Witzen. Womit wir wieder bei den Witzeerzählern wären und deren mangelndem Humor.

Nehmen wir also unsere Begräbnisfeier samt Grabstein in unsere noch warmen Hände, bevor es andere tun. Wehrlos. Vorsicht jedoch vor Beleidigungen und Bloßstellungen. Seien Sie ein fairer Toter! Gönnen Sie Ihren Nachlebenden einfach mal durch wohlbedachte Worte, in Zukunft darüber nachzudenken, wie sie sich die ihrige vorstellen. Sie haben es ja dann hinter sich. Alte verwandtschaftliche Ränke, die schon Jahrzehnte zurückliegen mögen, bringen Sie bitte nicht auf den Punkt.

Es gibt eine alte jüdische Redensart, die lautet: »Mischpoke darfste haben, aber böse musste sein!« Wer das Wort »Mischpoke«

nicht mehr kennt, dem soll gesagt sein: es ist die jiddische Beschreibung für das Wort »Verwandtschaft«. Es geht aber auch anders:

Erinnern Sie Ihre Lieben zum Beispiel an die Deutsche Wiedervereinigung. Sie erinnern sich: Gorbatschow hatte nur mal kurz den Kommunismus reformieren wollen und schuf ihn dadurch versehentlich ab. Was war sein Lohn: die Goldene Henne der Zeitschrift *SuperIllu*!

Die schönsten Nachrufe auf mein Leben

Ich halte dieses Kapitel übrigens nicht für mein traurigstes, sondern eher für mein optimistischstes, denn: Totgeschriebene leben länger! Außerdem ist es ein gutes Gefühl, dass die Zeitungen auf die nun folgenden Zeilen nicht mehr zurückgreifen werden – letzte Worte sind letzten Endes wie Toilettenpapier: man kann es einfach nicht zweimal benutzen!
Lesen Sie wohl!
Bild:

»Ilja Richter – komisch bis zum Abwinken. Die lebende Legende ist tot. Der ›disco‹-Mann starb im Alter von (x) Jahren. Er hinterlässt eine zweiunddreißig Jahre jüngere Ehefrau und einen erwachsenen Sohn, der mittlerweile in Paris an der Sorbonne Medienwissenschaften lehrt. Kolja Richter: ›Er war ein toller Vater!‹«

TAZ:

»Unser Ilja! (TV-Albtraum) ist tot! Vorübergehend, wie wir aus gut unterrichteter Quelle wissen. Wie sagte unser einstiger Zeitungsschutzpatron, Kabarettlegende Wolfgang Neuss: ›Es kommt nichts weg!‹ Das gilt sicherlich auch für ›unseren‹ Ilja, der sicherlich nicht unser aller Richter war. Eher ein Albtraum spätspießbürgerlicher Showwitzigkeit.

Als er 1989/1990 für diese Zeitung arbeitete, hatten einige da draußen diese Beiträge für Arbeiten eines komischen, linken Vogels gehalten, der lieber anonym bleiben wollte. Daher wahrscheinlich das Pseudonym, das ja schon an sich als anarchischer Jux empfunden worden war.

Es war aber der echte Richter. Unsere damalige Mitarbeiterin, Renée Zucker, hatte ihm Schreibasyl gegeben. Der jüngste Showmaster Deutschlands starb im Alter von (x) Jahren. Seine Beerdigung fand in Mecklenburg-Vorpommern, wie es heißt, ›in aller Stille‹ statt. Unsere Redaktion kann sich das nicht so richtig vorstellen. Aber der Tod machte auch vor dieser Quasselstrippe nicht halt. Schlaf gut, Ilja!«

Frankfurter Allgemeine Sonntagszeitung:

»*Gestern Abend ist der, vor allem in den Siebzigerjahren, sehr populäre Showmaster und Schauspieler Ilja Richter im Alter von (x) Jahren in seiner Berliner Wohnung friedlich gestorben. So jedenfalls wurde es von seiner Ehefrau als Pressemitteilung ohne weiteren Kommentar veröffentlich. Richter hatte nach seiner TV-Show-Karriere als Theaterschauspieler gewisse Erfolge verzeichnen können, konnte aber nie an seinen Erfolg der legendären ›disco‹-Show anknüpfen. Mit ›Disco‹ bezeichnete man in den Siebzigerjahren Räume, in denen getanzt wurde und sogenannte DJs Platten auflegten. In den Achtziger- und Neunzigerjahren wurde der Begriff zwar noch verwendet, kam aber im einundzwanzigsten Jahrhundert aus der Mode, denn eine Disco hieß von nun an für die neue Generation ›Club‹. Ein Wort, das auch nicht gerade die neue Generation widerspiegelte. Aber die Discokugeln mit den kleinen Spiegelchen waren ja auch, wie wir heute wissen,* kein echtes Siebzigerjahre-Relikt, sondern eine Erfindung der Tanzpaläste in den Zwanzigerjahren. Die sogenannten CDs und MP3-Player, wie es hieß, befinden sich heute ja längst im Museum. Wie ›unser Ilja‹!

Richter hatte sich zwar immer gegen den Begriff, ein Mann der ›Disco‹-Szene zu sein, gewehrt. Aber Anfang des einundzwanzigsten Jahrhunderts, vierzig Jahre nach seiner großen Zeit als Entertainer im TV, ging der Mann der ›Disco‹-Ära noch einmal auf Tour. Danach spielte er ausschließlich Theater, drehte einige Filme und veröffentlichte im Mai 2013 sein autobiographisches Buch als Ratgeber: ›Du kannst nicht immer 60 sein‹. Im Zusammenhang mit seinen Erinnerungen darf auch der Schreiber dieser Zeilen hier in dem nun vorliegenden Nachruf den vielseitigen Künstler Richter anerkennen, ja muss es sogar. Eine Anmerkung allerdings scheint mir relevant und typisch, um das Naturell dieses von uns gegangenen Komikers aus einem anderen Jahrhundert auf den Punkt zu bringen. ›Er hat einmal über sich gesagt, Rudi Carrell sei sein Idol gewesen und Theo Lingen war sein Gott. Im Laufe der Zeit hatte sich Richter mit diesen Göttern gewissermaßen, bei lebendigem Leibe, versendet. Gott sei seiner ewigen Komikerseele gnädig.‹ (Thomas Gottschalk)«

Nachtrag zum Thema »Nachruf«

Harald Martenstein, der mittlerweile durchaus berühmt zu nennende *Tagesspiegel*-Journalist und Kolumnist des Wochenmagazins *Die Zeit*, versicherte mir, dass es über mich noch keinen Nachruf auf Abruf gäbe; er kenne seinen Laden. Dann folgte ein Satz, der mir wie Seelenbutter über's Ego schmolz:

»Mit sechzig, einundsechzig sind Sie einfach noch zu jung für so etwas, mein lieber Ilja.«

Ich sang, frei nach Sinatra: »When I was sixty-one, it was a very good year ...« – also ganz optimistisch schon mal voraussehend, dass ich auch das einundsechzigste Jahr überstehen werde. Vor allem, wenn man mir so schöne Sachen sagt. Ich fühlte mich wie neugeboren. Und das, vier Jahre vor der Rente! Martenstein war es übrigens auch, der mir die Geschichte von dem totgesagten Frank Sinatra erzählte. Und die lief folgendermaßen ab:

Eines Morgens saß Frankieboy bestens gelaunt am Frühstückstisch, betrachtete die Titelseite seines Lieblingsblattes und las: »Goodbye, Frank Sinatra!« Und darunter stand: »It was a very good life!« Er hatte soeben, noch bevor er sein Frühstücksei geköpft hatte, seine eigene Todesanzeige gelesen. Nein, einen Artikel über sein Leben und Sterben. Selbstverständlich ließ sich Frank nicht nehmen, die Zeitung persönlich anzurufen, wenn man ihm schon das Leben nehmen wollte. Ihm, der zu diesem Zeitpunkt schlappe fünfundvierzig war. And it was a very good year.

Der Chefredakteur wird wahrscheinlich in Ohnmacht gefallen sein. Freuen wir uns noch im Nachhinein, wenn er den totgesagten Frankieboy gut überlebt haben sollte. Man kann natürlich nicht immer sechzig sein. Schon gar nicht in der aufgeregten Presseszene.

Was noch so alles passiert, in der Welt des Journalismus, hat mir Martenstein zum Abschluss unserer kleinen Caféhausunterhaltung zum Besten gegeben. Es ist die Geschichte von seinem Kollegen, einem längst dahingeschiedenen Journalisten alter Schule. Chronist von Ehrenmännern auf Halde; will sagen: der Mann war der beste Nachrufschreiber seines Blattes, ach was, seiner Zunft. So jedenfalls schilderte ihn mir Martenstein. Jener Nachrufschreiber, dieser Meister des geschliffenen letzten Wortes, hatte so wunderbare Abschiedsportraits über noch Lebende geschrieben, dass man auf diese Qualität in der Redaktion einfach nicht verzichten wollte. Die Prominentenleichen lagen gewissermaßen im Archiv auf Abruf.

Sehr zur Freude der Witwe des Verstorbenen, weil sie auf diese Weise ein kleines Zubrot einsacken konnte. Gönnen wir noch im Rückblick der Dame die kleinen Extraeinnahmen der jeweiligen Nachrufe; Sie müssen bedenken, dass ein Journalist in einer Tageszeitung nicht so sehr viel Geld verdient, dass er vom Jenseits aus auf eine abgesicherte Familie blicken kann. Die soziale Absicherung alter Journalisten und Hinterbliebenen ist eher vom Anspruch her jenseits von Eden. Die Witwe musste also sehen, wo sie blieb. Und so blieb sie noch ein bisschen auf dieser Welt – hundert soll sie werden. Sie freute sich also über den Reigen vorgeschriebener Nachrufe ihres selig Verstorbenen.

Da stand zum Beispiel ein wunderbares letztes Wort über Papst Pius XII. zur Verfügung. Das Ableben zog sich allerdings ein wenig hin. Papst Pius XII. litt an einem Schluckauf. Dies wurde vom Vatikan lange Zeit geheim gehalten. Erst später, also als der heilige Vater schon längere Zeit oben in der Chefetage saß – für immer – durften wir erfahren, dass er sich Zeit gelassen hatte mit dem Sterben. Es war, typisch für diesen Stotterer, ein Abgang auf Raten.

Die Witwe des Nachrufschreibers, wie gesagt, freute sich also. Sie freute sich – Wort für Wort und weit über's Zeilenhonorar hinaus – auf die liegen gebliebenen Nachrufe auf Abruf. Und so schwebte denn eine ganz schön lange Weile, aber niemals mit einem Hauch von Langeweile, der gute Geist des Ehemannes über dem Feuilleton. Lesen Sie diese Zeile bitte mit dem nötigen Respekt. Warum? Schreiben Sie mal letzte Worte! Aller Anfang ist schwer … Besonders, wenn die Betroffenen noch leben. Wie soll da Betroffenheit im Schreibstil aufkommen. Der Meister des geschliffenen Nachrufs hatte das aber perfekt so gehandhabt, dass es nie zu pathetisch und nie zu sachlich wurde, dieses letzte Wort. Ich hatte mir die Chuzpe erlaubt, bei der Redaktion besagten Blattes anzurufen, um mich mal zu erkundigen, ob ich nicht meinen Nachruf im Voraus lesen könne. Kurzum, ich wollte mein Leben korrigieren, wenn ich es schon nicht ändern kann. Aber wer kann das schon?

Es bleibt, wie immer, auch in diesem Fall bei einem sehr weisen Wort von Walter Benjamin, der unser aller Leben auf den Punkt bringt: »Es gibt kein Gelingen, nur verschieden interessante Wege des Scheiterns!« Oder – um es weniger literarisch auszudrücken: Ich tat, was ich nicht konnte, und das bisschen, was ich konnte, tat ich niemals so, dass ich restlos zufrieden war. Aber wer ist das schon? Ich meine: restlos zufrieden!?

Ich würd gern auf meiner
Begräbnisfeier tanzen.
Ich tanzte auf der eignen Hochzeit
nicht so fein.
Es bleibt und ist so wie im Leben auch:
Du bist
ja letzten Endes endlich
und allein.

Ich würd gern auf meiner
Begräbnisfeier tanzen.
Wo hinter schwarzer Kleidung sich
die Trauernden verschanzen
(mit Mitgefühl).
Da würd als toter Mann
ich gern ein Neger sein.
Weil doch die Schwarzen gern
auf Totenfeiern Samba tanzen.
(Man selbst ist tot.)
Egal, jetzt springen mal
die andern für Dich ein.

Schon ruft ein ganz Integrer:
»Neger sagt man nicht!«
Ach nein?
Ich würd gern auf meiner
Begräbnisfeier tanzen.
Es bleibt und ist so
wie im Leben auch:
Du bist ja letzten Endes endlich
und allein.
Drum würd ich gern als stummer Nejer
so janz lejer
mich hinpflanzen.

Drum lasst mich auf meiner
Begräbnisfeier tanzen.
Wenn das nicht geht,
lasst mich ein toter Neger sein.
Zertrampelt mir dabei bloß nicht die Trauerpomeranzen.
Nun lasst mich doch.
Erfasst mich doch
und tanzt, tanzt, tanzt …

Es war schon alles gut im großen Ganzen.
Ich habe mich vertanzt, tanzt, tanzt.
Jetzt darf ich mich verpflanzen.
Was dankt Ihr mir!
Ach, gar nich für!
Tanzt lieber –
tanzt.
Springt für mich ein!

Mein Gott, Alter!

Auch Damen und Herren 60plus folgen mir bitte unauffällig in den schalldichten Raum. Warum schalldicht? Weil wir uns lange genug in den Echoräumen unserer Vergangenheit aufgehalten haben. Es ist wie dieses beschissene Echo vom Königssee; auch wenn der Erzherzog-Johann-Jodler noch so schlecht gejodelt wird – die Touristen warten auf das Echo und sind entzückt. Sie wollen für ihr Geld einfach entzückt sein. Der Mensch hört eben immer nur das, was er hören will; und erinnert sich in der Version, die ihm ans Herz gewachsen ist, an das, was ihm passt. Das Unpassende wird passend gemacht. Der Mensch, ich wiederhole mich (Sie aber auch), ist nun mal ein sentimental rückblickendes Tier. »Sentimentalität ist Geiz«, sagte mein Freund, der Meisterfotograf Joseph Gallus Rittenberg, und meinte damit: Erinnerungen, die der Mensch mit sich herumträgt, will er nur mit demjenigen teilen, der sie als Ganzes akzeptiert; also ungeteilt mit ihm einer Meinung ist. Seiner Meinung. Und so erzählen wir uns, je älter wir werden, was wir alles gemacht haben. Das, was wir aber nicht gemacht haben, ist der Hauptfilm. Freigegeben ab 60plus. Also nicht jugendfrei. Denn die Jugend, völlig frei und resistent gegen die Ratschläge der Alten, macht ja gerne etwas Neues: also unsere Fehler. Das ist der Humor Gottes: Eines Tages wachst du auf, denkst – ach so, denkst du –, und in dem Moment eines Ansatzes von Ahnung musst du weg. Pech? Nein. So ist das Leben. Und schieben Sie das Problem nicht auf den Tod. Der war nur saisonweise ein Meister aus Deutschland (wie Paul Celan mit der »schwarzen Milch«, in seiner »Todesfuge«, die zwölf NS-Jahre auf einen bitteren Punkt brachte.) Aber der Tod ist vielleicht eher ein Herr in unschuldigem Weiß. Er kann nichts für unser Schicksal und macht nur seine Arbeit. Nicht auszudenken, wenn er streiken würde. Das hieße ja: eine unendliche Geschichte. Mit der Unfähigkeit, glücklich zu sein. Mein Gott, Alter! Und so macht unsere Jugend die Fehler der Alten, merkt es aber erst morgen. Wenn wir neue Fehler machen wollen, wird das schon schwieriger. Der Mensch ist ein Wiederholungstier. Das sagte ich bereits. Ich weiß. Ich habe diesen Text nicht in Bad Alzheim geschrieben. »Das ganze Leben besteht aus einer Aneinanderreihung verpasster Gelegenheiten«, sagte mein Vater. Und starb.

Unser nicht gelebtes Leben

Am faszinierendsten finde ich noch immer die Shows, die ich nicht gemacht habe, die Inszenierungen, in denen ich nicht mitgespielt habe, und die Frauen, die ich nicht ... Man muss auch mal was weglassen können. Und was haben Sie alles verpasst, Herrschaften? Schreiben Sie es auf. Erfolgsstorys sind langweilig. Sie wissen ja: es gibt kein Gelingen, nur verschieden interessante Formen des Scheiterns. Wie sind Sie gescheitert? Das sind die menschlichsten Geschichten. Und auch die komischsten. Allerdings kann nicht jeder über sich lachen. Und so bleibt die Leinwand oft ekelhaft sauber. Schlimmer noch: es ist wie in der Waschmittelwerbung in den Siebzigern: es sollte nicht sauber sein, sondern rein! Wie macht man das? Jetzt, da wir alle hier in unserem Zeitraum sechzig und ein bisschen drüber sind, sollten wir uns mal gegenseitig unsere gemeinsam verlebten Jahrzehnte um die Ohren hauen. Mal sehen, wer als Erster »Aua« schreit!

Die Fünfzigerjahre? Rock 'n' Roll? Ich bin 1952 erst geboren worden, aber soweit ich weiß, hatte da ein weißer Provinzler aus den Südstaaten Hochsaison, der vorher als Hundefänger und Lastwagenfahrer gearbeitet hatte. Dagegen ist ja an sich nichts zu sagen. Aber ein gekonnter Hüftschwung macht noch keine Arbeiterbewegung. Ansonsten sprechen wir hier von Elvis Presley. Ein Aufschrei. Wie spricht denn der von unserem Idol? Respektvoll, was sein Bühnenleben angeht. Im wirklichen Leben: ein Versagerle! (Ich sehe ein paar Damen und Herren übel nehmen.) Ich habe Ihnen die Fünfzigerjahre auf eine provinzielle Schmalzlocke reduziert. Natürlich waren sie viel mehr. Zumindest in Deutschland kann man sagen: ein Festival des schlechten deutschen Kintopps. Fritz Lang, abgewirtschaftet aus Hollywood kurzfristig in die Heimat zurückgekehrt, drehte einen Flop nach dem anderen. Sein einstiger Hauptdarsteller aus »M – Eine Stadt sucht einen Mörder«, Peter Lorre, der nun wirklich grandiose Charakterdarsteller, erschien morphium-, aber auch heimatsüchtig in Deutschland. Aber im Heimatfilm war kein Platz für ihn. Er starb zerrüttet und einsam in Hollywood. Die Wirtschaft boomte, die kleine Kneipe unserer Eltern nicht. Russland drohte in Form eines Schuhs in den fleischigen Händen Chruschtchows mit Krieg. Heute wissen wir, dass wir sogar am Rande eines Atomkriegs gestanden haben. Damals. Weil Kennedy sehr hoch gepokert hatte. Wegen der Aktivitäten auf Kuba. Meine Eltern allerdings hatten eher, wie viele andere Berliner, Angst vor einer zweiten Blockade. Sie flohen nach Köln. Warum ist es am Rhein so schön? Keine Ahnung. Zwei Jahre später kamen wir wieder zurück. Sie haben ganz andere Erinnerungen? Schreiben Sie's auf. Aber nicht verkitscht. Wenn die Fünfzigerjahre für Sie persönlich gut gewesen sein sollten, dann doch nur deshalb, weil Sie siebzehn waren. Man kann aber nicht immer siebzehn sein. Und jetzt, mit sechzig aufwärts, gibt es keinen Grund, Ihren Kindern und Enkeln die Fünfzigerjahre wie einen Musikfilm von »Peter und Conny« zu präsentieren. Und wenn, dann vielleicht mit einem neuen Titel: »Die Neurose vom Wörthersee«. Es war ein Jahrzehnt mit einer quicklebendigen braunen Justiz, denn der abgedankte Volksgerichtshof der Nazizeit wurde erst in den Achtzigerjahren offiziell, und damit rückwirkend, als »verbrecherische und Unrecht gesprochen habende Institution« anerkannt. Warum so spät? Weil sonst die Witwen unserer fruchtbaren Juristen die Früchte ihrer verwesten Dienstherren nicht hätten genießen können. Nehmen Sie nur mal die Witwe von NS-Blutrichter Freisler. Die konnte auch nicht immer sechzig sein und musste doch an ihren Lebensabend denken. Der ganze Staat dachte daran. Er dachte daran, weil nur auf diese Weise das Wirtschaftswunder funktionierte. Ein kommunistischer Postbote durfte recht bald keine Briefe mehr austragen, weil er das System hätte zerrütten können, als Geheimnisträger. Aber ein großer Nazi konnte Wirtschaftsboss werden oder Arbeitgeberpräsident! Legen wir den Schleier des Vergessens darüber? Kommt darauf an, wie Sie das Wort »Schleier« schreiben. Aber ich greife vor. Die Entführung des Arbeitgeberpräsidenten fand ja erst in den Siebzigern statt. Dazwischen liegen noch die schnuckligen Sechzigerjahre. 1960 war ich acht Jahre alt, und da ja die Russen nun mal nicht ein zweites Mal eine Blockade in Berlin gewagt hatten, wagten unsere vom Rhein zurückgekehrten Richters die Eröffnung einer Frühstückspension. Sie hieß »Pension Janina«. (Nach meiner Schwester.) Kurz vor der Eröffnung dieses bescheidenen Etablissements mit fließend Kaltwasser zogen die Genossen drüben allerdings eine Mauer hoch. Die Gäste blieben aus. Richtig interessant wurde das steinerne Monstrum ja erst, als es weg war. Logisch. Der Mensch findet immer Gefallen an dem, was nicht mehr da ist. Zumindest empfindet er es als geheimnisvoll. So wie das Berliner Stadtschloss, das auch nicht mehr da ist und nun unbedingt, als hätte Walt Disney seine Hand über das Projekt gehalten, wieder neu entstehen soll. Aus Ruinen auferstanden. Aber noch war sie da, die Mauer. Denn wir schreiben noch immer das Jahr 1960. Im Laufe der nächsten zehn Jahre werde ich allmählich bekannt in der Republik als ein freches, kleines Jüngelchen im Maßanzug. Als Lackaffe Albert in der ersten vom ZDF eigenproduzierten Serie »Till, der Junge von nebenan«. Kein amerikanischer Perfektionismus, keine Sensationen. Produziert von einem großen Nazi, der in Frankreich in den Vierzigerjahren im Namen des Propagandaministeriums Filme verwaltete. Oder produzierte. So entstand auch der Film »Kinder des Olymp«. Damals, in den Vierzigern. Jetzt, in den Sechzigern, war »Till, der Junge von nebenan« so ungefähr das Spießigste, was man sich vorstellen kann. Aber so waren sie, die Sechzigerjahre: spießig! Ich hab Ihnen doch gesagt, ich hau Ihnen die Jahrzehnte um die Ohren! Ich bin absolut harmoniesüchtig! In meinem Privatleben. Aber ich kann nicht immer sechzig sein. Und ich will mir mit siebzig nicht nachsagen lassen, dass ich Sie nicht vor uns gewarnt habe, ja vor uns selbst! Ich kenn uns doch! Also hinein in die Siebziger: Was haben Sie da gemacht? Ich machte *disco*. Sie schauten zu. »Das ist zu wenig!«, sagen die Kritischen. Richtig. Ich hab auch noch »Tolle Tanten«-Filme gedreht. »Das war zu viel!?«, sagen Sie? Kompliment, Sie wissen eben, was ein guter Film ist! Aber ich war jung, und die Eltern brauchten das Geld. Der Vietnamkrieg tobte, das Thema konnte ich in *disco* schlecht behandeln, sonst wäre ich gleich aus der Show geflogen. Jetzt aber, mit sechzig, fühle ich mich wacher. Endlich flügge.

Wenn alte Männer flügge werden

Jetzt, befreit von den Zwängen der Jugend, dies oder jenes mitmachen zu müssen, damit man dazugehört, jetzt, da man gelassen und freiwillig und auch physisch bedingt gerne das heitere Schlusslicht der Zugvögel bilden könnt, kommen die Jungen und beißen dich weg. Du wärst, sagen sie, angeblich nicht mehr fit für den Südflug. Dabei hättest du hinten einen so schönen Ausblick auf die Jungvögelhinterteile da vorne gehabt. Mehr wolltest du gar nicht. Aber nicht mal im Sturzflug, nein, in bestürzender Langsamkeit fliegst du dem Abgrund entgegen. Ruhig, aber hoffnungslos.

Das wahre Altern
und die Ware des Alterns

In Form von Billigbotox hatten sich die Körperteile der Patienten und Patientinnen verhärtet, anstatt straff bis in alle Ewigkeit zu glänzen. Der dafür verantwortliche Schönheitschirurg Doktor Cohn hätte vielleicht doch nicht auf die leichtsinnigen Kollegen hören sollen. Sie hatten ihm versichert, dass besagtes Mittel längst im Umlauf und die Warnung auf der Verpackung, es nicht bei Menschen anwenden zu dürfen, von der Realität eingeholt worden sei.

Doktor Cohn ging also preisgünstig an die Arbeit. Seine Praxis in Florida florierte. Die Firma des Billigbotoxprodukts versicherte, dass die Freigabe ihres Präparats nach erfolgreichen Testphasen so gut wie vor der Stunde stünde. Stattdessen stand Doktor Cohn nach ein paar Jahren vor der Tür; genauer: vor seiner eigenen. Die Villa wurde versteigert. Noch genauer: Cohn landete auf der Straße. Nach einem Skandalprozess, der ihm die Approbation absprach, fand er Zuflucht in Tel Aviv. Als Jude wird man ja nicht so ohne Weiteres in ein anderes Land ausgeliefert. In der Schönheitschirurgie, einer Branche, die gern mit dem Skalpell auf andere zeigt, den eigenen Durch-Schnitt dafür in Talkshows lieber schönredet, lächelte über Cohn, das schwarze Schaf mit dem verlorenen Doktortitel. Der verlorene Doktor lächelt heutzutage allerdings wieder ein Lächeln, das vielleicht nicht mehr das eines Gewinners, eher eines heiter-melancholisch Gestrandeten ist. Ich sah ihn lächeln, über seiner Gitarre hängend, fast wie ein Compagnon von Leonard Cohen wirkend – als hätte der zu ihm gesagt:

»Hey, Kumpel, sing schon mal, ich komm dann gleich nach.« Der Leonard Cohen ist auf der Schönhauser Allee nicht anzutreffen, aber dieser Doktor Cohn ist von Tel Aviv bis Berlin auf der Straße mittlerweile zu Hause. Das Lächeln dieses alten Mannes zu seinem melancholischen Blues hat ja Tradition ... Hier aber, auf der Schönhauser Allee, fielen die sanften Töne in der Berliner rauen Wirklichkeit direkt auf. Die rundlich-proletarische Mami zum Beispiel, die kleine Frau mit dem Blumenmuster im Kleid, sie ließ, ich hab's genau gesehen, das Softeis sinken; ich bin sicher, sie verstand kein Wort von Cohens Lied, und doch verstand sie alles. So soll es sein. Kommt aber selten vor.

Ich sah den Alki, wie er mit seinen drei Flaschen Günstigbier im Arm – wie Drillinge wiegend, ja fast selig – ein berlinisches »Great, great!« rüber zum Doktor sandte. Der nickte freundlich und sang seinen Blues zu Ende. Und fing gleich wieder ein neues Lied an. Ich hatte auch komplett vergessen, was ich eigentlich vorhatte: ich hatte vor, mich zu ärgern. Über meine Literaturagentin. Sie hatte mir untersagt, auch nur ansatzweise Literatur zu schreiben. Was das ist, wie man das macht und wann etwas Literatur wird, steht auf einem anderen Blatt; auf Blättern, die ich liebe und die mir immer wieder Trost sind. Ich aber war trostlos. Ich hatte einen Buchauftrag und durfte keine Literatur schreiben. All das vergaß ich unter den Klängen des Straßensängers Doktor Cohn.

Durch ein paar Akkorde und seine raubeinige Stimme, die auf sanfte Weise Tom Waits glatt in die Schranken weisen könnte.

Noch ganz beseelt von dem Gedanken, über den wahrscheinlich einzigen Straßensänger, der früher mal Schönheitschirurg gewesen ist, eine Geschichte zu verfassen, ging ich nach Haus; vergaß doch glatt, Anna von meinem Literaturverbot in eigener Sache zu erzählen, das die Literaturagentin ausgesprochen hatte; gewissermaßen wie einen Bann, und so googelte ich mir erst mal Doktor Cohns Leben auf meinen Schirm. Ungern zwar, denn ich google so ungern, wie ich gurgel. In beiden Fällen spuckt man einfach zu viel in die Atmosphäre. Es wird überhaupt zu viel gespuckt. An allen Ecken und Enden. Mittlerweile muss man sich ducken, und der schwulstige Satz unserer Gutmenschen: »Das hat mich einfach unheimlich betroffen gemacht«, bekommt hier eine vollkommen neue, feuchte Bedeutung. An sich hebe ich mir das Wörtchen »Hass« immer gern für Faschisten auf. Aber so einen kleinen Minihass habe ich mir in meinem Wortschatz für die Damen und Herren Spucker reserviert. Ich bin doch so für den aufrechten Gang.

So lief ich also über die Schönhauser Allee, mit Doktor Cohn im Kopf, nach Hause. Unglaubliches Internet: Ich war nämlich schneller mit Doktor Cohn im Netz zu sehen als mit meinen Füßen unter'm Schreibtisch.

Nun schaute ich mir also die Fotos auf dem Computer an: ein seltsames Paar – zwei alte Jidden on the street where he lives. Denn mittlerweile ist der Herr Doktor ja auf den Straßen daheim; und ich dachte – meine Heimat lag jahrzehntelang in der Bewegung. Aber wo wohnt Doktor Cohn? Auf der Straße ist er gelandet, aber er singt ja noch dazu. Kann also nicht so schlimm gewesen sein. Oder? Sie finden so viele Biografien aus allen sozialen Schichten, die am Ende auf der Straße enden. Mit Sicherheit jedoch finden Sie keinen Schönheitschirurgen darunter. Ich meine, die Straßen sind ja nicht mit Göttern in Weiß gepflastert. Obwohl die Quote akademischer Kartonbesitzer in Israel vielleicht höher ist als anderswo. Sie wissen ja: »Das auserwählte Volk«.

Da müsste doch, an und für sich, »menschliches Strandgut« – schon wegen der immer wieder gern zitierten Intelligenz des jüdischen Volkes zwar stranden – aber eben auf ganz hohem Niveau. Womit wir wieder bei Herrn Doktor im Pappkarton wären.

Gestrandet, weil er den Schönen und den Reichen einst zu viel abgeschnippelt hatte. So könnte es sein. Nein, so ist es ja auch schon. Ich meine, mit den Schönen und den Reichen. Bin weder reich noch schön. Kann unbeschnitten nach Hause gehen. Und ich bin froh, dass es nicht so weit gekommen ist mit mir. Dass ich auf der Straße sitze. Dafür aber Doktor Cohn. Und ich denke an meinen Auftrag, autobiographisch immer schön bei der Wahrheit zu bleiben. Aber bei welcher? Erzählt man von seiner Wahrheit, fängt die Lügerei schon an. Will man die Wahrheit der anderen beschreiben, sagen die (mit Recht): Woher will er das wissen? Beschließe ich, die Wahrheit über Doktor Cohn zu schreiben, bleibt das unbeschreiblich. Denn was ist mit den vielen botoxgeschädigten Patienten? Die müssten ja auch zu Wort kommen. Und die haben den Mund jetzt ja ganz schön voll. Zubetoniert gewissermaßen. Da kann ja keine Wahrheit bei rauskommen. Also beschließe ich, über die Napoleonischen Kriege zu schreiben. Die sind alle schon tot, da gibt es keine rechtlichen Schwierigkeiten, und Ähnlichkeiten mit noch lebenden Personen wären rein zufällig. Da nun wiederum sagt meine Literaturagentin, die keine Literatur von mir will und auch keine Historiendramen: »Was soll das? Waren Sie bei den Napoleonischen Kriegen dabei? – Nein! Sie waren nicht dabei. Also schreiben Sie, schreiben Sie wohl! Aber etwas über sich.« Kleinlaut gebe ich zu bedenken, dass Golo Mann, der immer gern klein gehaltene Jüngste von Vater Thomas Mann, seine ganze eigene Problematik immerhin in Wallensteins Lager gepackt hat. »Und? Herr Richter? Wohin hat das letzten Endes geführt?« Ich senke die Augen, zucke die Achseln und frage (wie in der Schule gewissermaßen) zurück: »Zu Wallensteins Tod?« – »Eben!«, wird sie dann sagen, meine Literaturagentin, mit Abneigung zur Literatur. Zumindest zu einer, die ich schreibe. »Sie schreiben mir nichts über Tod und Teufel fremder Leute. Bleiben Sie bei sich. Und Ihren Ex-Schönheitschirurgen Doktor Cohn, den können Sie gerne mal besuchen ... In Tel Aviv ... Wenn Sie es nötig haben ...« Ich fasse mir kurz über's Gesicht und frage: »Bin ich denn schon so alt?« Außerdem praktiziert der Herr doch gar nicht mehr.

Selbstverständlich ist dieser Dialog ein rein erfundener. Literatur lebt ja auch vor allem und besonders von Erfindung. Es kommt ja nicht darauf an, ob eine Geschichte wahr ist, sondern darauf, ob sie stimmt. Und Doktor Cohns Geschichte stimmt. Aber ob sie wahr ist, müssen wir die Patienten fragen. Und die wiederum sind nicht Mittelpunkt meines Buches. Ich werde also mein Buch weiterschreiben, um nicht auf der Straße zu landen. Denn ich glaube, mir würde da sehr schnell das Repertoire ausgehen. Doktor Cohn scheint ein endloses Repertoire zu haben. Vielleicht, weil er es vermeidet, Balladen über Schönheitschirurgen zu singen. Blues, vor allem Country, lebt ja nicht von geöffneten Blusen, Blutspritzern und gespaltenen Lippen. Seine Sangeskollegen singen ja eher von Blut und Boden, alter Liebe und allenfalls noch von der kleinen Farm. Von Beautyfarm keine Rede. Also lächle ich wie der alte Doc mit dem abhandengekommenen Messer und schreibe einen Bestseller; bevor ich noch auf der Straße lande.

Ohne Schall und Rauch

Wir befinden uns wieder in jenem schalldichten Raum. Sie erinnern sich? Das Echo fällt flach, kein Jodler aus dem Heimatfilm unseres Lebens gurgelt uns in den Kaffee. Nein, der Kaffee ist nicht fertig, und es klingt auch nicht unheimlich zärtlich, wenn ich Sie jetzt bitte, gemeinsam mit mir auf den Grund zu schauen und den Kaffeesatz unseres Lebens zu betrachten. Na gut, allenfalls könnten wir uns noch gegenseitig auf die Schulter klopfen, falls wir in den Achtzigerjahren friedensbewegt dieselben Träume hatten. Dann hatten Sie's auf jeden Fall besser als ich, Sie konnten die weißen Friedenstauben steigen lassen. Es gibt ja mehrere von den Viechern, denn eine Friedenstaube allein hätte ja nicht überall auf den friedensbewegten Veranstaltungen sein können. Eine von ihnen habe ich neulich getroffen. Dick und fett, äußerst unbeweglich, erinnerte sie sich aber gehässig, die kleine, weiße, dicke Taube, wie ich auf der Waldbühne vor 20.000 Menschen ausgebuht worden war. Anlässlich einer Protestveranstaltung gegen die Stationierung neuer Pershings und Cruise Missiles durch die Amerikaner. Mit mir hatte man nicht gerechnet. Ich war gewissermaßen E.T., der Außerirdische unter den irdisch Friedensbewegten. Ein Entertainer auf der Bühne der Pazifisten mit einem Friedensgedicht gegen Reagan. Das war gegen die Spielregeln anständiger junger Menschen. Ich wollte erst mal einer werden. Ab dreißig. Mir erging es wie Henry Miller (nur eben ohne »Sexus und Nexus«): »Meine Jugend begann sehr spät«, äußerte sich Miller gegenüber Truffaut.

Noch mal zurück in meine Vergangenheit – auf jenes Friedensfest, wo ich mich einfach nicht wegbewegte, bis die Buh-Rufer

Ruhe gaben. Dann trug ich das Gedicht vor. Das hatte ich ja schon als Bühnenkind gelernt. Von der Mama. Man gibt die Rampe nicht frei. Nur, dass Mama damals nicht wollte, dass ich mich innerhalb der Friedensbewegung engagiere. Das Geschäft sollte nicht beschädigt werden. War es aber schon. 1982 machte ich den »Disco«-Laden dicht und war froh darüber. Ein Ex-Showmaster mit einer eigenen politischen Meinung wird in Amerika, England oder Frankreich durchaus als solcher akzeptiert. In Deutschland nimmt man nach wie vor Künstlern eine eigene politische Meinung übel. Das hat Tradition. Allerdings wird es langsam besser mit dem Demokratieverständnis unseres Landes. Eine radikale Mehrheit deutscher Bundesbürger und besonders -innen möchte ja schon lange, dass Herr Jauch Bundeskanzler wird. Da muss er sich aber beeilen. 2018 ist Herr Jauch zweiundsechzig Jahre alt. Die Bundesrepublik wird dann fünfundsechzig und geht in Rente. Während es bei Herrn Jauch bis dahin dann noch drei Jahre wären. Andererseits: wer wird schon gerne Millionär und geht dann zum Seniorenabend?! Und Sie wissen ja:

»Man ist erst richtig alt, wenn die Kerzen mehr kosten als der Geburtstagskuchen ...«

(Bob Hope)

Altern mit einem Lächeln

Als ich den Text beendet hatte und schon glaubte, über das Altern und das verwelkende Äußere genug verinnerlicht zu haben, fiel mir während meiner Tournee ein Seniorenratgeber vom Apothekerverband in die Hand – und siehe da, ein Idol meiner Kindertage lachte mich an. Breitwangig, fast mongolischen Zügen gleich. Die fünfundachtzigjährige Schauspielerin Ellen Schwiers.

In den Fünfziger- und Sechzigerjahren immer sehr geheimnisvoll im deutschen Heimatfilm zu sehen, war sie zwischen blonden Zöpfen und blauen Augen, all diesen Naturburschen, die ihren Doktor höchstens in der hohen Baumschule gemacht zu haben schienen, die geheimnisvolle schwarze Frau. Eine Art Racheengel gegen den schlechten Kinogeschmack. Zwischen Lüneburger Heide und Bergwelt immer ein wenig dunkel und still. In Großaufnahme manches naive Seelchen mit einem Blick tötend. Ihre Katzenaugen hätten selbst James Bond samt Eisstückchen im geschüttelten Martini zum Schmelzen bringen können.

So saß ich also im Tourneebus und schmolz gewissermaßen retrospektiv. Postmodernes Schmelzen des älteren Herrn Richter. Ich sah mich wieder mit zwölf Jahren in dem Kino in Berlin-Steglitz. Adria hieß es – und seltsamerweise ist es keinem Supermarkt gewichen. Nein, ein Supermarkt selbst hat es vor'm Dahinsterben gerettet: der Media Markt. Damals, anno '67, saß ich in besagtem Kino und sah den Film »Im Kittchen ist ein Zimmer frei«. Inhalt in Kürze: Kleiner Ganove verkleidet sich als katholischer Pfarrer und verliebt sich prompt in die resolute Bäuerin, gespielt von eben jener Ellen Schwiers. Ich war begeistert. Damals. Und heute? Ich nahm mir den Artikel im Apothekerblättchen vor, brabbelte noch sentimental ein »Die war ja so schön« vor mich hin und bekam, als wenn sie es gehört hätte, prompt durch die Lektüre eine unmittelbare Antwort von Frau Schwiers zum Thema Schönheit. Ich las: »Heute, wo ich alt und grau bin, sagen die Leute zu mir: »Du warst ja so schön!« Damals sagte das niemand. Ich war nicht schön. Ich war apart, wenn man etwas Nettes über mich sagen wollte. Ich passte nicht ins Schema. Schauen Sie sich die Heimatfilme an: da hatte man blond und blauäugig zu sein. Ich war dunkelhaarig mit viel zu großem Mund, viel zu kleiner Nase, viel zu schrägen Augen. Also war ich fast immer die Böse. Das war im Film und am Theater so ...« Da saß ich also mit meinem Apothekerheftchen auf den Knien. Und nahm zur Kenntnis, als ich weiterlas, dass meine Filmgöttin Ellen, der schwarze Engel mit den Katzenaugen, so grün und blau und alles in Schwarz-Weiß, mit ihrem neuen Hüftgelenk zu kämpfen hatte. Und momentan in Sorge, dass ihr das andere Gelenk nun ebenfalls Menkenkes mache. Ich wollte das längst schon nicht mehr im Sprachgebrauch befindliche Wort Menkenkes gerade streichen, da ließ ich es, fast trotzig, wie die Ellen Schwiers in ihren besten Tagen, stehen. Irgendwie passte das altmodische Wort, mit dem man früher zum Ausdruck brachte, dass man »Schwierigkeiten habe«, zu der bodenständigen Frau Schwiers. Immer ein bisschen außerhalb des offiziellen Zeitgeschmacks, machte man mit einer Schwiers keine Menkenkes. Sie pfiff auf Mode, Schmuck und Schnickschnack. Der immer wieder gern genommene alberne Satz: »Die nicht mit der Zeit gehen, müssen mit der Zeit gehen«, kommt für so eine Persönlichkeit kaum infrage. Ellen Schwiers ging auf wunderbare Weise ihren eigenen Weg. Ergo: du kannst nicht immer – wie alt auch immer sein, aber dir treu bleiben, das kannst du. Und weiter las ich also recht begeistert im Apothekerblättchen, wie Frau Schwiers mit ihrem Dreivierteljahrhundert auf den Schultern ihre ganz persönlichen Ansichten über Liebe und Treue zum Besten gab. Frage: »Hatten Sie nie Sehnsucht nach einem neuen Lebenspartner?« – Schwiers: »Um Gottes willen, nein! Ich war achtunddreißig Jahre verheiratet, das ist eine lange Zeit. In den zwanzig Jahren, die mein Mann nun tot ist, kam das für mich nie infrage. Wir haben uns ›zusammengelebt‹. Ein neuer Partner, der auch ein gelebtes Leben hinter sich hat – und ein anderer käme ja wohl kaum infrage –, wäre mir zu fremd.« An dieser Aussage finde ich weniger bemerkenswert, dass Frau Schwiers nicht noch einmal heiraten wollte beziehungsweise eine neue Beziehung einzugehen gedachte. Nein, eine ganz andere Aussage steckt in diesem Bekenntnis. Nebensätze sind ja nicht selten Hauptsätze. Und das scheinbar wie nebenbei eingestreute: »Ein neuer Partner, der auch ein gelebtes Leben hinter sich hat – und ein anderer käme ja wohl kaum infrage«, das war es, was mich so beeindruckt hatte. Wie da, rein hypothetisch, auf Erfahrung Wert gelegt wird. Das klingt – praktisch – nicht nach Hunger auf Frischfleisch. Heutzutage sabbern die prominenten älteren Schönheiten mit Selbstverständlichkeit nach der Formel für ewige Jugend, nach unerfahrenen jungen Männern als Begleithündchen. Manchmal etwas aufgepumpt, darf es auch durchaus ein Bodyguard sein. Ein Sylvester-Stallone-Verschnitt an der langen Leine. Sind die Bräute uralter Liebesmatadore schlappe vierzig bis fünfzig Jahre jünger, sagen sich die nicht mehr ganz neuen weiblichen Ikonen: »Frischfleisch her!« Allerdings müssen sie sich beeilen. Madonna konnte nicht immer siebzehn sein; und als sie »Like a virgin« sang, war sie von ihrer Jungfräulichkeit schon weit entfernt. Ab dreißig gelten die Damen der Popbranche und des TV-Geschäfts eher als leicht verderbliche Ware. Das Verfallsdatum rückt immer näher. Schneller, als die blutjungen Models über den Catwalk trippeln, sind die Tage im Spot einer Heidi Klum zum Beispiel auch eher gezählt, und sie läuft Gefahr, am Ende des Laufstegs einen Harald-Schmidt-Gag ertragen zu müssen. Und der war damals schon nicht mehr neu. Der Schmidt? Nein, der Gag, als er verkündete: »Claudia Schiffer hört auf!« Und nach einer kleinen Pause fragte Schmidt unschuldig: »Womit?«

Ich weiß, Vergleiche hinken immer. Besonders die mit Klum-Füßen. Aber der Hang älterer Damen zu jüngeren Herren ist uralt, wurde aber eher in den letzten hundert bis zweihundert Jahren im Verborgenen ausgelebt. Hier treibt die Emanzipation im Promi-Bereich die geilsten Blüten. Es ist der Berlusconi-Effekt andersherum! Alte Knackerin knackt jünglingshafte Nuss. Keinesfalls meine ich damit so gestandene weibliche Persönlichkeiten wie Vivian Westwood oder Iris Berben.

Aber neben Madonna
sieht so'n junger Mann
doch eher aus
wie Pop-Mamas geliebtes Ausgeh-Frettchen.
Der einst dem Mann gegebenen Beschützerrolle,
nehmen sich gern, zum Schutz der jungen Herrn,
die alten Pop-Ikonen-Damen an.
Was folgt,
sind dann, nach Love,
bald Tears.
Und kein Aas liest mal Ellen Schwiers und ihre Lebenstipps
im Apothekerblättchen.

Fazit: Wenn ich heute also diese männlichen Damen mit ihren weiblichen Herren über die Straße der Vergänglichkeit spazieren gehen sehe ... inklusive rotem Teppich natürlich, denke ich unwillkürlich an Doktor Cohn, jenen, Sie erinnern sich, auf einer ganz anderen Straße gelandeten Schönheitschirurgen. Früher wären vielleicht einige dieser prominenten Karrieresuperweiber in den Schönheitslift des Doktors gestiegen. Damals. In Los Angeles, wo zu altern demnächst polizeilich verboten werden soll. Prenzlauer Berg auf Kalifornisch. Aber nun gibt es ja genügend andere und jüngere Schönheitschirurgen auf dieser Welt, die Doktor Cohns Job mit Leichtigkeit übernommen haben. Immer damit beschäftigt, sich psychisch wie physisch nicht zu übernehmen. Denn diese Götter in Weiß, die sich am laufenden Band mit dem wahren Altern und der Ware des Alterns beschäftigen, sind ja selbst immer in Gefahr, dem Verwelkungsprozess anheimzufallen.

Frei nach einem alten Zwanzigerjahre-Chanson möchte ich noch hinzufügen:

Da kommt Cohn, da kommt Cohn,
aus der Busenkonfektion.
Alle Mädchen sind ihm treu,
unberufen: TOI! TOI! TOI!

Da lobe ich mir Ellen Schwiers und ihre Passionsblume. In der Rubrik »Leben und Lieben«, der allseits beliebten Rubrik des Apothekerblättchens, las ich dann abschließend noch Folgendes zum Thema »Wiedersehen und Tod«: Frage: »Glauben Sie an ein Wiedersehen nach dem Tod?« Antwort: »Ich wünschte, ich könnte das. Meiner Logik widerspricht es eigentlich. Deswegen sehe ich dieses Leben auch als so ein großes Geschenk an. Ich habe eine Passionsblume, Sie sollten mal sehen, wie die blüht! Wem das eingefallen ist, so eine Blüte wachsen zu lassen! Da will man immer noch mehr? Das tolle Leben ist hier, man muss nur die Augen öffnen!«

... Und vor meinem geistigen Auge öffnet die junge Schwiers – wie einst im Kinomai anno '67 – ihre unwiderstehlichen Katzenaugen, so grün und blau und alles in Schwarz-Weiß ...

Altern mit einem Lächeln

Und ich sitze wieder im Berliner Kino meiner Jugend ...
Happy End mit all dem Scheiß.
Bohnerwachs und Achselschweiß.
Und ich ahne nicht im Traum, was ich heut weiß.
Und bin augenblicklich
doof, doch dafür glücklich.

Was ist Annas Blume
gegen die Passion der Schwiers?!

Und als ich aufwach
grau meliert
mit so'm George-Clooney-Blick
von Cary Grant kopiert,
und Lidschlag
eines Kerls vom Schlage Richard Geres –
bestell ich alle Illustrierten ab
samt Wochenmagazinen, Wichtigkeitsgazettchen;
und abonniere erstens
sechzig, wie ich nunmal bin,
und zweitens,
obsolet für Britney Spears
und drittens
eher Freiwild für 'ne Dame, wie die Ellen Schwiers ...
in meinem schlechtbesuchten Bettchen ...
das Apothekerblättchen.

Galerie der alten Herren

Da hängen sie, die Alten
und machen Falten –
nicht das Papier!
Hängt man mich da auf,
lege ich darauf
Hand
an mich
an mir.
Weil sie auf Narren
schiffen;
will heißen: pfiffen.
Toter Applaus!
Weil sie zu gut begriffen –
zwischen den Riffen –
war ich zuhaus.
Man ist so unbeweglich,
endet man tödlich;
des Lebens Sinns
wär, daß zum Tod ich sag:
»Du Idiot!«
und grins:
»Dein schwarzer Anzug ist Provinz!«

… ob aber der Tod nun in Schwarz erscheint oder ganz in Weiß, ist dem sterbenden Greis letzten Endes wurscht. Der Tod ist keine Kostümfrage. Die Frage ist eher, wann er kommt, »als ungebetener Gast«, wie ihn einst Hugo von Hofmannsthal benannte. Also, Herr Jedermann nennt ihn so. Sie wissen schon, in diesem volkstümelnden Stück, das, hochbesetzt, von Salzburg über Hamburg bis Berlin, immer so tut, als sei es ein Klassiker. Ist es aber nicht. Auf den Tod nicht. Hofmannsthal, der weitaus bessere Stücke geschrieben hat, die man alle heute nicht mehr spielt, wusste um die mangelnde Qualität seines »Jedermann«, nannte sich auch deshalb nur den Restaurator einer altenglischen Morality. Das ist etwas, was früher die Pfarrer im Mittelalter als plastische Androhungen von der Kanzel aus ins Volk blökten. Und nun müssen Sie sich das ganze in Bildern vorstellen. Von der Tischgesellschaft des Jedermann über den Auftritt des Mammon als schnödem Geldfaktor auf zwei Beinen bis zum Tod. Meistens in Schwarz. Wie Johnny Cash.

Portrait I: Der unwürdige Greis in Jedermann ...

Ob schwarz, ob weiß, unser willensstarker Greis sitzt willenlos da und hat Angst. Todesangst. Millionen Menschen hat er zum Lachen gebracht, und nun weint er. Einfach so aus sich heraus. Wie er heißt, dieser Komiker? Sag ich nicht. Ich glaube an die Phantasie des Lesers. Und an die Rechtsabteilung meines Verlags; ständig damit beschäftigt, den Autoren in Sachen Persönlichkeitsrechte und Wahrheit zur Seite zu stehen; manchmal auch in die Seite zu boxen. Denn: »Die Wahrheit ist ein so kostbares Gut, sodass man möglichst sparsam damit umgehen sollte.« Nein, das ist in diesem Falle keine Empfehlung aus der Rechtsabteilung, sondern ein weiser Spruch vom legendären Rabbi Löw in Prag. Vor ungefähr fünfhundert Jahren. Es ist ein Ausspruch, den er beherzigte. Besonders als Trostspender für die Hinterbliebenen eines Davongegangenen. Aber Prag bleibt Prag, und wir wollen den Hund dort begraben lassen, wo der Hase im Pfeffer liegt.

Unser rastloser Endsiebziger jedenfalls sitzt immer noch in seiner Villa oder auf seinem Weingut. Angst kann man überall haben. Auf welchem Niveau auch immer. Es gilt nach wie vor und auch in Zukunft die goldene Regel von Marcel Reich-Ranicki, dass es sich in einem Taxi einfach bequemer weinen lässt als in der Straßenbahn. Und er weint gern. Der Reich-Ranicki? Das weiß ich nicht. Wer so viel Elend durchlebt und der Apokalypse entronnen ist wie Reich-Ranicki, geht mit seinen Tränen sicher sparsam um. Er weiß um die Kostbarkeit der Träne. Unser Komiker weint sehr schnell. Menschen, die schnell weinen, sind nicht unbedingt prinzipiell die Mitfühlenderen, sondern eher mit einer starken Drüsenüberfunktion beschäftigt. Vor allem mit sich selbst. Und unser Komiker ist ein hochbeschäftigter Mann. Seine Geschäfte, vielschichtigster Art, laufen gut. Seine Tochter läuft auch gut. So ab vierzehn Jahren hat sie damit angefangen. Aber ansonsten ist sie ganz selbstständig, die Tochter. Fährt sogar U-Bahn. Seit Neuestem. Beim ersten Mal hat sie sich allerdings gewundert, warum der Fahrer nicht direkt vor dem Weingut gehalten hat. Oder wenigstens vor der Villa. Wo eine Villa ist, hat sie gelernt, ist auch ein Weg. Gilt aber nicht für U-Bahnen. Da hat sie geweint. Wie ihr Vater. Bei der nächsten U-Bahn-Fahrt. Es hätte auch ein Taxi sein können. Aber der rastlose Endsiebziger und Vater dieser Tochter ist der Meinung, dass die Tochter jetzt mal langsam das Leben kennenlernen sollte. In der nächsten Woche ist die S-Bahn dran. In der Galerie der älteren Herren nimmt dieser Komiker, der oft weint, weil man zu viel über ihn gelacht hat, dennoch eine wichtige Stellung ein. Er ist für mich der Stellvertreter des Prinzips Hoffnung. Nicht für Utopien, wie sie Ernst Bloch aufgestellt hat; eher im Kleinformat, für mich, als späten Vater. Denn als der rastlose Endsiebziger nach mehreren Kindern, so um die sechzig herum, noch einmal einen Nachzügler produzierte, dachte ich damals schon: »Donnerwetter! Ein Optimist.« Ich hab mich das so um die fünfzig getraut und nehme mir seitdem ein Beispiel an diesem Komiker. Wo Martin Luther noch ein Bäumchen pflanzen würde, wenn die Welt unterginge, setzt unser Komiker glatt noch ein Samenkorn in Mutters Schoß. Weiter, immer weiter, denkt er, der rastlose Endsiebziger. Hinter'm Horizont geht's weiter. Aber wie geht es weiter, bitte schön? Nein, wir sprechen hier nicht von Udo Lindenberg. So viel ist schon mal gewiss. Erstens, wie gesagt, nenne ich keinen Namen! Und zweitens: Udo hat ja kein Kind. Zumindest weiß ich nichts davon, aber ich habe nicht die Lampe gehalten. Nun ist er also alt und nimmt übel, dass er alt ist; weiß aber nicht, bei wem er sich beschweren soll. Bei Gott? Er ist nicht religiös. Bei der Natur? Die sucht er nicht auf. Er hat sie sich eingerahmt, die Natur; in Form eines Fensterrahmens, der mit einem Blick auf seinen herrlichen Garten ihm ermöglicht, mit der Natur in Kontakt zu bleiben. In einem Goldrahmen. Mit riesigem Fenster als gerahmtem Naturschauspiel. Der rastlose

Greis möchte manchmal einen Hammer nehmen und das Fenster, das ein Bild der Natur darstellt, einschlagen; wie in eine Notrufsäule möchte er mit dem Hammer draufhauen. Er kann einfach nicht siebenundsiebzig sein. Ist ja auch nichts für Feiglinge, wie wir gelernt haben, aber jeder lernt anders. Oder auch nicht. Nackt in den Garten springen möchte unser rastloser Greis, aber was würden dann die Nachbarn sagen; denen er doch sonst nichts zu sagen hat. Außer dieser Angelegenheit neulich, die er auch durch Dritte lösen ließ. Er ließ den Nachbarn bestellen, dass sein Kirschbaum mit den kräftig ausladenden Zweigen zwar über den Zaun des Nachbargrundstücks rage, dennoch: was da so herausragt, wäre immer noch sein Baum! Und die Kostbarkeiten seines Gartens gehörten ihm und höchstens seinem Sohn; der aber isst schon lang Kompott, und so hängen die Kirschen unnütz herab. Ungepflückt verderben sie. Kommen wir zum Kern: Haben Sie ihn erkannt, den rastlosen Greis in der Galerie der älteren Herren? Richtig! Es ist Ihr Onkel zweiten Grades! Woher ich das weiß? Ganz einfach: ich habe meine Rechtsabteilung gefragt. Und deshalb sage ich Ihnen, denn diese Geschichte hat durchaus eine Moral: Vorsicht bei weinenden, alten Männern mit hängenden Kirschbaumzweigen; sie sind mit Vorsicht zu genießen.

Portrait II: Der Belassene oder
Die Kunst, ein Mensch zu sein

Der Regisseur András Fricsay bezeichnete mal alte Komiker als Menschen, die ab einem ganz bestimmten Alter so etwas »Belassenes« ausstrahlen würden. Ich meine, mich erinnern zu können, dass er nicht von einer Gelassenheit, sondern ganz bewusst von einer Belassenheit gesprochen hatte. Und ich glaube, er weiß, wovon er sprach. Ich habe bis auf Curt Bois (das ist der Taschendieb aus dem Film »Casablanca«) und Theo Lingen (dem deutschen Gentleman, der jede Ufa-Klamotte veredelte) keine gelassenen Komiker kennengelernt. Es gab sie sicher und gibt sie immer noch. Ich hatte nicht das Vergnügen. Schließlich war ich selbst keiner. Ein Gelassener, mein ich, auch kein Belassener. Dabei wollen wir es belassen.

Nach Jahrzehnten traf ich nun aber einen, und damit strafe ich ja meiner Behauptung Lügen. Andererseits: Als ich ihn traf – war dieser Herr bereits Komiker a. D., also außer Dienst. Ich traf ihn als Privatier; genau dort nämlich, wo wir zwei uns vor Jahrzehnten das letzte Mal gesehen hatten. Im Restaurant »Le Paris«, gleich neben dem Theater am Kurfürstendamm. Er saß am Fenster, sah mich, öffnete die Arme – es waren die eines fünfundachtzigjährigen Mannes. Rührung überkam mich. »Wie geht es dir?«, fragte ich natürlich. Und er sagte aus seinem wundervoll lächelnden, alten Babyface heraus: »So gut wie nie!« – »Das hört man selten«, sagte ich, und er erwiderte, milde nuschelnd, fast wie so eine Reminiszenz seiner Dackelfaltenmimik von einst: »Ich weiß!« Und nach einer kleinen Pause fügte er hinzu: »Weißt du, ich habe so ein wunderbares Leben gehabt. Ich hab mein Päckchen bereits gepackt. Alles, was jetzt noch kommt, sehe ich als Extras.« Mir wurde ganz warm ums Herz bei so viel absolut nicht abgerufener Gelassenheit. Dann empfahl er mir als kleine Lebenshilfe für meine kommenden Jahre, denn schließlich sei ich doch mit sechzig für ihn ein junger Spund, ein Buch von Julian Barnes zu lesen: »Nichts, das man fürchten müsste«. Der Titel des Buches, kaum dass er ihn ausgesprochen hatte, schien Programm; er habe keine Angst vor dem Tod und durchaus noch die Absicht, ein paar Extras freundlich entgegenzunehmen. Aber auf das Ende zuzugehen, sagte er im Plauderton, inmitten von Geschirrgeklapper und französischer Musikberieselung, sei eben nichts, was man fürchten müsste. Später las ich bei Julian Barnes: »Die Todesfurcht ist an die Stelle der Gottesfurcht getreten. Doch die Gottesfurcht – angesichts der Gefahren des Lebens und unserer Wehrlosigkeit gegen Schicksalsschläge unbekannten Ursprungs früher durchaus vernünftig – ließ wenigstens einen Spielraum für Verhandlungen. Wir haben den rachsüchtigen Gott zurechtgestutzt und als unendlich Gnädigen neu vermarktet; aus alt haben wir neu gemacht, wie bei den Testamenten und der Labour Party.« Hundert soll er werden, der belassene Komiker; und wenn nicht, mache ich mir um den Abgang dieses Komödianten keine Sorgen.

Gut gelaunt im Hier und Jetzt.

»Sie müssen sich Sisyphus als fröhlichen Mann vorstellen«,
schrieb Camus.
Recht hat er.
Wer noch einen Stein ins Rollen bringen kann, ist ein glücklicher
Mann, Bruder, Vater.
Aber nehmen Sie nur mal, so als Beispiel, einen alten Star vom
Berliner Schaubühnentheater ... Der hat heut nicht einmal mehr
'n Peter Stein.*

Wenn alte Männer,
Mimen oder nicht,
sich rühmen,
einen Stein durchaus ins Rollen
noch zu bringen,
(ist der Rost auch da)
ist's allenfalls die Prostata.

---

* Peter Stein: berühmter Regisseur und Mitbegründer der Berliner Schaubühne

Sondergalerie: Meine Prostata spricht
(Zwischen Männern und Gefühlen)

»Ich bin, wie ich bin. Ich bin weiblich. Und doch keine Frau. Auf Spanisch: »la próstata«, auf Italienisch: »la prostata«, auf Französisch: »la prostate«, auf Englisch: »the prostate«. Sie dürfen mich aber auch gerne bei meinem Urnamen – Prohistani – nennen. Das ist griechisch und steht für »davor stehen«. Auf gut Deutsch: »Vorsteherdrüse.« Finde ich aber gar nicht so gut. Das klingt so profan. So funktionell und unromantisch. Jeder Theatralik beraubt. Gerade die aber liegt mir. Weiblich, wie ich nun mal bin – und doch keine Frau –, glaube ich, dass die Götter ... jawohl die Götter ..., wenn sie meine griechischen Wurzeln bitte berücksichtigen wollen – die Götter also haben, einst im Olymp, dem Penis die Hauptrolle versprochen. Leider auch gegeben. Scheiß Casting. »ER« zieht die Show ab – und ich darf die ganze Vorarbeit leisten. Von hinten.

Er kommt, wenn er Glück hat, recht viel herum, dieser dämliche Schwanz, steckt seine Kuppe in Dinge, die ihn manchmal nichts angehen. Oder weshalb, glauben Sie, haben die berühmten Vagina-Monologe so einen vorwurfsvollen Ton? Nie zuvor hatten sich am Broadway so viele Protagonistinnen um die Uraufführung eines Theaterstücks gerissen. 1996 war das, im Schumann-Theater. Expressiv stießen die Broadway-Stars ihre Erlebnisse mit Männern heraus. Von vulgärem Gebaren über unfreiwilliges Gebären bis hin zur Vergewaltigung – die ganze Palette männlicher Gewalt und deren Folgen.

Ich aber, die Prohistani, arbeite griechisch-orthodox. Ich arbeite gewissermaßen dem Penis zu. Nein, das muss ich jetzt noch einmal neu formulieren ... Ich meine – immerzu arbeite ich auf den Penis zu, produziere die lebensnotwendigen Säfte, verarbeite und mixe sie. Dafür habe ich so um die 30 bis 50 Mitarbeiterinnen. Meine Nebendrüsen. Klingt wieder so profan. Ich nenne sie nur »meine

Mädels«. So viele sind es also, die mir zuarbeiten. Und alles für den dressierten Mann. Damit er »kann«. Den Akt selbst hat man schon tausend Mal auf die Bühne gebracht. Aber was sich davor abspielt, noch nie. Dabei ist doch das Vorspiel so wichtig.

Das Großhirn meines Besitzers spielt mir gerade, während ich Ihnen hier etwas über meine Arbeit erzähle, einen kleinen Witz zu. Ich bin ja nicht immer seiner Meinung, aber okay, das könnte jetzt sogar passen. Und es gibt im Leben größere Risiken als im Traum. Also:

Zwei Schweizer Herren, älteren Semesters, aber immer noch Jungfrau, gehen ins Bordell. Das erste Mal eben. Sagt der eine: »Also, pass, auf – ich geh rein, bezahle, was es kostet, danach berichte ich dir – und dann wird man sehen!« Sein Kumpan nickt und wartet. Nach 30 Minuten kommt der entjungferte alte Schweizer wieder aus dem Bordell. Fragt der eine: »Und? Wie war's?« Darauf der andere: »Vergiss es. Der Preis steht in keinem Verhältnis zu den ausgesprochen lächerlichen Bewegungen.«

Ich sehe, Sie schmunzeln. Hat ja auch was Unschuldiges. Ganz im Gegensatz zu meinem Besitzer, diesem Herrn Richter. Schwanzgesteuert von Kopf bis Fuß. Ich armes, kleines Ding, Prostatatitulierte, bin zwar das weibliche Element im Manne, hab aber einen Dreck davon! Ich habe es so satt. Ich kündige! Ich bin ein festes Organ, und mir hängt diese Festanstellung zum Halse heraus – auch, wenn ich keinen habe. Einen Essay könnte ich schreiben: »Die Prostata unter der Kuppel – ratlos.« Ich werde meinen Mädels, den Einzeldrüsen, sagen: »Feierabend! No milk today!« Laufend liefern wir Androgene und Testosteron, damit man sich in der vorderen Abteilung amüsiert. Verdammtes Hinterzimmerdasein. Ich möchte einfach mal ganz groß rauskommen!«

Und genau das wollte ich nicht. Also wachte ich auf. Sicherheitshalber.

Es ist ja immer, Sie kennen das, eine Sisyphusarbeit, morgens die elementaren Teilchen des nächtlichen Traums zusammenzupuzzeln; damit sich der Psychiater später nicht auf unsere Kosten langweilt ... wenn wir ihm zur Verfügung liegen. Nun gibt es aber Menschen, die immer fröhlich sind – also keine Komiker. Oder würden Sie Woody Allen als einen fröhlichen Menschen bezeichnen? Komisch – gewiss. Aber nicht fröhlich. Ich stelle allerdings fest, dass sich die in meinem Alter befindlichen Filmkritiker in diesem Land, also so um die sechzig, zunehmend über die unerträgliche Leichtigkeit des Woody Allen mokieren. Sie kritisieren mit einer gewissen Ratlosigkeit diese unverschämte Heiterkeit in den Alterswerken des Ex-Stadtneurotikers. Der liefert ja überhaupt keine Neurosen mehr. Ja, noch nicht einmal die Stadt New York steht im Mittelpunkt seiner Geschichten – so wie früher. Ja, früher war eben doch alles besser, als bei Woody Allen alles schlechter war. Mieser lief: also das mit den Frauen, mit dem Altern und überhaupt. Wir wollen unser altes Manhattan wiederhaben. Nun ist New York bekanntlich längst schon in einer Weise disneysiert worden, dass man verstehen kann, weshalb Woody Allen fluchtartig in den letzten Jahren europäische Städte zum Mittelpunkt seiner Liebesgeschichten gemacht hat. Ein heiterer alter Mann. Wie ärgerlich! Gestern Paris – heute Rom – ich freue mich schon jetzt auf den Berlin-Film von Woody Allen. Der kommt bestimmt! Dazu benötige ich keine Kristallkugel. Kommt mein Buch schneller auf den Markt als sein Berlin-Film, sage ich: »Kompliment, alter Herr, für dieses Tempo.« Sollte sich der Film erst nach Erscheinen meines Buches als wahr und wahrhaftig in unseren Kinos präsentieren, kann ich immer noch sagen: »Der Woody Allen kennt wahrscheinlich meine Bücher!«

Komiker – kommen sie ins Paradies? Ich mein:
Ironiker
behandelt man gern antiseptisch,
weil zu skeptisch.
Monika, 'ne Liaison von früher,
sagte zu mir:
»Sei mal fröhlich wie der Dieter Thomas Heck ...«
Dann war sie weg.

Als der privat übrigens sehr liebenswürdige Kollege fünfundsiebzig wurde, titelte die *Bild*-Zeitung (so weit habe ich es zum Sechzigsten nicht gebracht – und ich bin stolz darauf!): »Dieter Thomas Heck wird fünfundsiebzig – meine größten Schlager aller Zeiten.« Und dann druckte das Blatt fünfundsiebzig Schlagertitel ab, die der Legendäre ausgewählt hatte; aus seiner ganz persönlichen Beziehungskiste mit der einst propperen deutschen Schlagerindustrie. Heck konnte gewissermaßen in seinem schlechten Geschmack unseres durchaus gutwilligen Volkes herumkramen. Und es geschah zu jener Zeit, als dieser lästige syrische Krieg bild-journalistisch seine grausamsten Highlights bereits verschossen hatte; Gérard Depardieu noch nicht mit Russenkappe auf seinem neuen Weingut gesichtet wurde, während er mit Putin Casatschok tanzt. Hat er nicht? Wird er aber! Warten Sie's ab. Dieses Buch arbeitet mit allen Mitteln, um ein Bestseller zu werden; und so ist es eben auch ein deutsches Orakel. Aber mit internationalem Weitblick. Dazu benötige ich weder eine Kristall- noch eine Discokugel, um Ihnen mit einem gewissen Weitblick auch Folgendes zu prophezeien: Ich sehe deutlich vor mir, wie der russische Film dem französischen den Krieg erklärt; mit Depardieu als Peter dem Großen. Der alte Junge ist praktisch schon geschminkt. Beeilen Sie sich, Wladimir! Ihr praktisch steuerfreie Renommierfranzose ist auch schon über sechzig und kann nicht immer. Sechzig sein, meine ich.

Portrait III: Robin Hood und sein Pudel oder Der würdige Alte

Ein Schauspieler steht zum Luftschnappen vor seinem Luxushotel. Es ist ein gut bezahlter Schauspieler. Mit linker Vergangenheit. Zwanzig Jahre älter als ich. Nun mit Pudel unterwegs. Später sollte ich erfahren, dass es nur der Pudel seiner Frau war, den er da ausgeführt hatte. Seine Frau war übrigens ein bezaubernder, aber verblühter Fünfzigerjahresstern am deutschen Kinohimmel. Er hatte sie geheiratet, als er noch nicht wusste, dass er mal im Graben landen würde. Als Grabenkämpfer in Nicaragua. Nur kurz allerdings.

Aber der Stern war immer dabei. Nicht seine Frau! Das Magazin meine ich.

Egal. Ich bin ein Heldenverehrer. Nun stand ich meinem Robin Hood mit Pudel also gegenüber. Er freute sich, ich freute mich, nur der Pudel kläffte und musste auf's Zimmer. Stubenarrest in der Suite. Herr und Hund ging es gut. Mir auch. Ich wollte schon immer den Grabenkämpfer etwas näher kennenlernen. Er entschuldigte sich noch einmal für die unglücklich abgeseilte Wurst seines Pudels; schob alles seiner Frau zu und mich in die Bar.

»Weißt du, ich hatte immer große Hunde!«, sagte er, und dann rauchten wir eine echte Zigarre aus Kuba. »Den Pudel könnte ich manchmal in der Pfeife rauchen«, witzelte er, dann sah er sich kurz um, als wenn seine Frau das hören könnte. Aber die war ja in Zürich und hing ihrer Karriere nach. Pudellos.

Mein Held sah ein bisschen aus wie Hemingway, so, wie seine Kubanische da im Mundwinkel steckte. »Ich rauch sonst immer die Cuba rosa«, sagte ich. Er wusste sofort, dass die Cuba rosa eigentlich aus Nicaragua kam. Auch, dass sie erheblich billiger und dabei trotzdem von guter Qualität ist. »Ich hab sie trotzdem abgelegt.« – »Aus Kostengründen?« – »Nein, aus Gesundheitsgründen.

Ich bin ein alter Vater, weißt du. Und ich will noch erleben, wie mein Sohn ...« – »Abitur macht!«, setzte der alte Kollege fort, als hätte er mein Buch bereits gelesen. (Ein Buch, das es damals doch noch gar nicht im Buchladen gab.) Er wollte unbedingt mein erstes Kapitel hören. Ich legte die Zigarre auf den edlen Marmoraschenbecher und las ihm aus meinem Buch ohne Schlusskapitel vor.

Das erste Kapitel war ihm nicht genug. Er wollte noch mehr hören. Das tat mir natürlich gut. Beim fünften Kapitel ist er dann eingeschlafen. Noch kurz vor der Schlusspointe. Ich winkte dem Barkeeper und zahlte die Rechnung. Natürlich für uns beide. Ich hatte noch nie einen Freiheitshelden eingeladen. Auf 'ne Kubanische.

Ein Engländer und Gentleman

»Was ist ein Gentleman?«, fragte ich meinen Vater, als ich elf war. »Sich vor eine Dame, die den Rock verliert, zu stellen, um dann die Zeitung aufzuschlagen und zu lesen, das ist ein Gentleman!« Das hab ich mir gemerkt. Bis zum heutigen Tag. Ich schau hin, wo ich helfen kann, und schaue weg, wenn jemand anderem irgendetwas peinlich ist. Nun tragen ja die meisten Frauen heutzutage lieber Hosen; und bis auf die *Bild*-Zeitung, die mir zur Rettung einer Dame unpassend erscheint, dürften die Gazetten nicht mehr breit genug sein, um halbnackte Damen abzudecken.

Ein Gentleman zu sein, ist gar nicht so leicht.

Der Gentleman, um den es in diesem Portrait geht, lebt seit sechzig Jahren in Deutschland und nennt dieses Land mittlerweile seine Heimat.

Dass ich den besagten Gent ausgerechnet in einer Berliner Backhendl-Station antreffen sollte, noch dazu in einer äußerst dramatischen Zeit meines Lebens, finde ich bemerkenswert. Backhendl-Stationen haben für mich etwas biographisch Markantes. Schon als Kind, erinnere ich mich, war eine solche Wienerwald-Station, die Ende der Fünfzigerjahre noch ein eher teures Vergnügen beinhaltete, eine sehr wichtige Erfahrung für mich.

Ich war sieben Jahre alt und wollte ein Backhendl essen. In einem Wienerwald saßen mein Vater und ich. Papa redete mir immer wieder die Hühnersuppe ein, aber dann, als Vater immer noch nicht das Hähnchen für mich bestellte, dafür aber mal kurz verlegen in sein Taschentuch schniefte, traf ich mit folgender Frage meinen alten Herrn mitten ins Herz: »Papa, gib's zu, wir sind gar nicht reich!« Er nickte verlegen. Ich hatte eine Lüge aufgedeckt. Eine kleine Lebenslüge. Für mich war sie aber groß, mit sieben Jahren war ich völlig fassungslos darüber. Mein Vater hatte mir immer wieder das Silber in der Kasse der Arme-Leute-Kneipe, die die Eltern in Nippes mehr schlecht als recht führten, als Schatz verkauft. Als Reichtum. Und nun das! Kein Backhendl. Vater hat mir später, als ich so um die zwanzig, fünfundzwanzig war, immer wieder diese Geschichte erzählt; und wie ihn das damals getroffen habe.

Als Vater im Sterben lag … 1979 war das, saß ich wieder mal mit Mutter in einer Hühnerbraterei. Diesmal aber eben nicht in Köln. In Berlin war's. Nicht weit von dem Krankenhaus, das wir jeden Tag aufsuchten. Das Restaurant hieß »Hühner-Hugo«, später von Wienerwald gefressen, kräht heute kein Hahn mehr nach Pleiten wie diesen.

Ausgerechnet in der Hühnerbraterei also trafen wir den Engländer. Er war 1948 bis hinein in die späten Fünfzigerjahre der Vorzeige-Engländer der Bundesrepublik. Ein Sonnyboy. Der erste Moderator einer Plattensendung im Fernsehen.

Wir waren nicht befreundet, aber wir waren beide im Showgeschäft tätig, und unsere Wege hatten sich immer mal wieder gekreuzt. Man freute sich, man lachte miteinander. Das war's dann aber auch schon.

Nun also traf ich den Engländer bei »Hühner-Hugo«, und er sah sofort an den Gesichtern von Mutter und mir, dass wir sehr traurig waren.

»Mein Vater liegt im Sterben.« Eine Pause entstand. Nun schauten wir beide in den erleuchteten Grill. Mama nicht. Sie hielt es nicht mehr aus, stand auf und ging wortlos Richtung Toilette. Nun waren wir unter uns. Zwei Männer schauen in den Hühnerschaukasten, als wär's ein Fernsehapparat. Der Engländer schwieg. Ich auch. Mutter ließ sich Zeit mit dem Wiederkommen. Und vielleicht, um mich nur abzulenken, sagte ich: »Weißt du was, als ich ein

Kind war, gab's im Filmtheater Berlin immer so eine Werbung. So 'nen Werbezeichentrick. Da fragt der eine Hahn den anderen: ›Gehen wir heut ins Kino?‹ – ›Nö‹, sagt sein Partner, ›ich geh heut zum Striptease bei ›Hühner-Hugo‹. Nächste Szene: Zwei geile Hähne stehen vor Hühner-Hugo und glotzen auf die sich drehenden Hühner.« Der Engländer lächelte: »Siehst du. Und jetzt schauen wir auf die Hühner.« – »Ja. Und mein Vater liegt im Sterben.« Ich musste lachen. Der Engländer war leicht irritiert: »Ist das so komisch?« – »Überhaupt nicht. Ich kann dir gar nicht sagen, wie traurig ich bin, aber ich hab eben an die ›Hühner-Hugo‹-Werbung gedacht. Wie oft haben wir die im Kino gesehen. Und er musste immer wieder lachen darüber, mein Vater. Und jetzt ...« (ich glaube, ich musste schluchzen) »... und jetzt sitz ich bei ›Hühner-Hugo‹ und er liegt im Krankenhaus. »Sind die Geräte noch an?«, fragte er. »Siehste doch, die blöden Dinger drehen sich doch noch«, antwortete ich abwesend. Darauf der Engländer mit einem Lächeln: »Ich meine die im Krankenhaus.« Ich nickte. »Aber der Chefarzt sagt, wenn es unser Wunsch wäre, würden sie die Geräte abstellen. Vaters Gehirn sei so zerstört ... Selbst wenn er noch mal aufwachen würde ... Ich meine ... so richtig ... länger ... wach wär, dann wäre das nicht mehr der Vater, den ich ...« Mutter kam zurück. Weil der Engländer, was er nun noch zu sagen hatte, scheinbar nicht vor Mutter sagen wollte, flüsterte er mit Blick auf die sich drehenden Hühner: »Soll ich dir mal sagen, wann ich nicht mehr leben will? Wenn mir meine junge Frau regelmäßig den Arsch abwischen muss.« Mutter setzte sich. Sie hatte übrigens den letzten Satz nicht mitbekommen. Und selbst wenn! Ich kann mir nicht helfen: Aber ein englischer Gentleman kann alles in den Mund nehmen.

Nun rief er in Richtung Kellnerin so ein sanftes, freundliches »Frrauhlein!« Das Frauhlein lächelte und kam. Es war eine Zeit, in der eine Kellnerin noch nicht gleich eine Beleidigung ihres Geschlechts im Aussprechen dieses Wortes sah. Er bestellte für uns etwas zu trinken. »Glaubst du an Gott?«, fragte ich ihn. Der Gentleman dachte kurz nach und sinnierte: »Ich glaube, Gott ist unterwegs zu anderen Projekten.« Und das sagte er ganz beiläufig, mit einem Blick, der den Raum streifte, als ob Gott der abwesende Chef von »Hühner-Hugo« sei.

Als wir uns verabschiedeten, sagte er außerdem: »Lass ihn gehen, deinen Vater«, wandte sich noch einmal zu meiner Mutter: »Lassen Sie ihn einfach gehen.«

Schon in Richtung Tür, erreichte mich die Frage bereits in meinem Rücken: »Was hat dein Vater eigentlich für ein Sternbild?« – »Löwe.« – »Ich auch«, sagte er, »und wann geboren?« – »Am 30. Juli.« – »Ich auch ...«, sagte er. Er versuchte, seine Verwunderung über diese Parallelen herunterzuspielen. Typisch Engländer. Ein Löwe im Winter. Bei »Hühner-Hugo«. Ein Geschenk. Des Himmels? Ich weiß nicht. Ich nehme es allerdings heute noch als ein Geschenk an, den Löwen im Winter bei »Hühner-Hugo« getroffen zu haben. Wie und von wem und wodurch auch immer das möglich gewesen sein mag. Ich werde das nicht vergessen.

Wir haben übrigens kurz nach dieser Begegnung die Geräte mit den lebenserhaltenden Chemikalien abschalten lassen. Dürfen. Dass das ein Geschenk war, ist mir erst Jahrzehnte später klar geworden. So kurz vor'm Sechzigsten habe ich begriffen, dass hier Ärzte über ihre eigenen Schatten gesprungen waren.

Ich weiß nur eins – der Engländer ist ein glücklicher Mann. Und so schreibt er nicht ohne Grund in einem seiner wunderbaren Bücher: »Ich bin ausgesprochen gesund, habe meine eigenen Zähne (selbst bezahlt, wie meine Großmutter immer sagte), und wir leben glücklich in unserem Bungalow in den Hügeln vor den Toren Kölns.«

Du kannst nicht immer komisch sein

(Über Leben und Sterben von Rudi Carrell)

Als er die Nachricht seiner ihm noch verbleibenden Zeit aus dem berufenen Mund des Doktors hörte, soll er sich gewundert haben, der Rudi. Er wunderte sich, dass es überhaupt so lange gedauert hatte ... sein Leben. Sein wildes Leben. Nachdem er seine Verwunderung über das Bild der rabenschwarzen Lungen zu akzeptieren begann, ging er auf seine letzte große Gala: zur Goldenen Kamera. Abgang und Wiederkommen waren seine Spezialität. Gab es früher eine Krise, lag längst schon, während er der Presse verzweifelt mitteilen ließ, dass er nicht mehr weiterwüsste, die neue Show-Idee im Safe. Geklaut oder gekauft. Egal – er hatte immer einen Plan.

Nun also kam es zu seinem letzten großen Auftritt. Die Goldene Kamera in der Linken, das Glas Bier in der Rechten, und im Widerspruch zu seinem blendenden Äußeren, braun gebrannt im schicken Maßanzug, war plötzlich dieses Stimmchen zu hören. Dieses durch einen chemiebetäubten Kehlkopf helle Stimmchen – also die Lunge schwarz und die Stimme ganz hell; ein merkwürdiger Kontrast. Und doch für mich im Rückblick einer der männlichsten Abgänge eines Prominenten. Gleichzeitig aber auch einer der tragischsten. Wie er lächelt, schmunzelt und nicht wankt, nicht vor seiner Familie, nicht vor der Öffentlichkeit. Lässig dankt er den Ärzten und seiner Privatversicherung für alles, was sie für ihn getan haben. Wieder kommt mir Georg Kreislers Zeile in den Sinn: »Was hast du eigentlich dir vorgestellt? Hast du dein Leben bis zum Schluss gedacht? Wie hast du dir den letzten Kuss gedacht?«

Rudi hatte sich sein Leben bis zum Schluss gedacht. Noch einmal den Rhododendron in Bremen vor seinem Hause blühen sehen wollte er. Und das Endspiel der WM am Schirm erleben wollte er noch. Umringt von seiner Familie. Und so war es dann auch. Das Schicksal war noch einmal gnädig. Seine Tochter Annemieke bestätigt das: »Vater hat den Rhododendron noch blühen sehnen – und mit uns allen Deutschland in der WM. Und da ja die Deutschen bekanntlich nicht ins Halbfinale gekommen sind, sagte er, schon sehr geschwächt und sehr lakonisch: »Das war's dann.« Und starb am nächsten Tag.« Dazu noch Annemiekes Kommentar: »Vielleicht hätte mein Vater noch ein bisschen gelebt, wenn die Deutschen gewonnen hätten.«

Und ich muss mir wieder diesen spöttischen Blick von Rudi vorstellen. Er, der mit siebenunddreißig Jahren gerade im Zenit seines Ruhms stand. Und jetzt, mit einundsiebzig: Abgang auf Nimmerwiedersehen. Seine Kommentare auf das Fernsehen werden, je länger dieser Mann tot ist, in ihrer Aussagekraft immer lebendiger; er habe die Familie vor dem TV-Gerät zusammengehalten, sagte er; stimmt. Das schaffen heute nur noch Fußballdirektübertragungen oder Spektakel mit hohem Ekelfaktor.

Der Fernsehapparat, so sagen die Soziologen im Rückblick über die letzten drei Jahrzehnte, sei gewissermaßen der Dorfplatz der Familie gewesen; auch vom Lagerfeuer spricht man gern. Also von dem Platz, an dem sich die Familie heiter aufwärmt. Ich habe mit *disco* in Spitzenzeiten durchaus 20 Millionen Menschen aufwärmen dürfen. Carrell war der heißeste Aufwärmer unter den TV-Sozialarbeitern im Familien-TV.

Dass derselbe Mann allerdings in seinem eigenen Familienleben eher nicht so ganz zu fassen war für Frau und Kinder, steht auf einem anderen Blatt. Keinesfalls ist es ein Widerspruch zu Rudis Arbeit. Wie oft hören wir, dass zum Beispiel hervorragende Kinderpsychologen zu Hause ihre Bälger nicht in den Griff bekommen.

Rudis Bruder heißt Aad. Ich traf ihn in Buxtehude bei einem Familientreffen. Rudis Tochter Annemieke lebt dort seit Langem, verheiratet mit dem deutschen Journalisten Dieter Klar, in einem bezaubernden Kleinstadtidyll. Ich hab die beiden liebgewonnen. Innerhalb kürzester Zeit hatten Aad und ich einen ganz persönlichen Draht miteinander. Wir sprachen, nachdem wir in einem verbalen Galopp über meine Erlebnisse mit seinem Bruder in den albernen Wörthersee-Filmen das Thema hatten untergehen lassen, über etwas, was mich seit Jahrzehnten viel mehr fasziniert: die Holländer als Volk. Ihr herzliches Verhältnis zum Königshaus; ähnlich wie das der Engländer, tolerant und dabei immer königstreu. Vielleicht in ihrer Art aber intimer, aber mindestens so humorvoll wie die Engländer. Kleine Länder lieben keine großen Gesten. Auch die Art von Aad Kesselaar hatte dieses »leicht, dem Wichtigen die Schwere zu nehmen«. Dieses scheinbare Nebenbei beim Reden. Dieses typisch niederländische Achselzucken, fast hilflos von der Gestik, wenn man sich aber eigentlich in der Sache längst einig ist. Man zuckt mit den Achseln, verneint mit dem Kopf, und nach diesem leisen Kopfschütteln kommt eventuell ein: »Das kann schon sein!« Da sind wir Deutschen in unseren Reaktionen doch viel direkter. Wenn wir mit jemandem einer Meinung sind, kommt ein klares, deutliches »Genau! Da haben Sie recht! So ist es! Jawohl!« Aad erinnerte mich also in allem an Rudi, redete aber erst einmal nicht über sich, schüttelte, auch als wir auf die Marotten des Bruders zu sprechen kamen, wiederum leicht den Kopf, so als wolle er wieder sagen: »Nein, nein« – und sagte stattdessen: »Nun ja, Rudi eben.«

Unsere Gespräche über Holland und die Deutschen wurden durch ein klassisches Konzert, das Annemiekes Mann organisiert hatte, sanft unterbrochen. Auf dem Weg zu dem Konzert unterhielten wir uns über die Sponsoren der Veranstaltung, dabei handelte es sich um die Reederei NSB (Niederelbe Schiffahrtsgesellschaft Buxtehude). Aad und ich lachten herzlich über diese Abkürzung, weil sie auf unfreiwillige Weise identisch mit den Initialen der damaligen holländischen Faschisten übereinstimmt. Das ist natürlich reiner Zufall. Und diese Reederei hat politisch überhaupt nichts mit dem historischen Hintergrund der holländischen Nazis zu tun. Außerdem soll hier nicht unerwähnt bleiben, dass dieses Unternehmen immerhin Kultur fördert. Wir aber und die ganze holländische Gemeinde lachten über die NSB. Ursprünglich gab's da natürlich überhaupt nichts zu lachen, denn die niederländischen Nationalsozialisten hatten den Überfall auf ihr kleines Land durch die Deutschen allein schon bürokratisch »bestens« vorbereitet. Mein Vater hätte sich gerne mit Rudi über die holländisch-deutsche Geschichte unterhalten. Dazu kam es nicht, damals am Wörthersee, mit Rudi und mir als tolle Tanten. Bis auf ein paar oberflächliche Wortgeplänkel auf perfekt Holländisch, was Rudi durchaus anerkannte, sich aber dann wieder anderem zuwandte, blieb mein Papa, was er während meiner ganzen Karriere war: der alte Vater eines jungen Sohnes. Immer am Rande des Geschehens. Und vor allem immer wieder im Schatten seiner Ehefrau. Sprich: Mama. Sie sah immer aus wie ein Stummfilmstar, der auf die nächste Szene wartet. Sehr damenhaft, sehr ladylike. Nach dem fünften, sechsten Remy Martin konnte sich das durchaus ändern. Im besten Fall mündete es in freche Berlinismen.

Nun also stand ich in Buxtehude vor Aad, dem Mann, der Rudi wie aus dem Gesicht geschnitten scheint; und doch ein anderer. Soll ich sagen: Gott sei Dank?! Nein, das schreibe ich nicht, das meine ich nicht. Aber wie ich da so in der Konzertpause mit Aad plauderte, da hätte vielleicht auch jemand, uns beobachtend, sagen können: »Der Ilja sieht aus wie sein Vater.« Denn jetzt bin ich ein alter Papa mit einem jungen Sohn. Wie meiner damals. Nur mit dem Unterschied, dass ich mein Söhnchen nicht auf Filmsets schicke und mich auch, Gott sei Dank, keine Ehefrau domestiziert. Ich bin ich. Und Aad ist Aad. Und man soll das Spiel der Gene nicht mit den

Charakterzügen der jeweiligen Menschen durcheinanderbringen. Fragen Sie mal die Kesslers, ob sie glauben, dass der eine Zwilling wie der andere ist. Sie werden Ihnen schon was erzählen! Und das ganze bestimmt nicht tanzend oder singend. Und doch: Wenn mein Sohn Kolja eines Tages dieses Buch noch einmal lesen wird – vielleicht als junger Mann, dann wünsche ich mir jetzt schon, dass er längst beherzigt hat, was mir heute so einfällt ... Für seine Zukunft: Ein bisschen Rudi kann nicht schaden, wenn es um Humor und Charme geht. Ein bisschen Aad aber auch nicht, wenn es um die Fähigkeit geht, ruhig und genau zu beobachten; sich nichts dabei zu vergeben, einem wildfremden Mann seine Sympathie zu schenken, ohne wirklich zu wissen, ob das jetzt auch richtig ist und vielleicht zu voreilig? Es ist ja nicht dieses blinde »Jemanden-Umarmen«, von dem ich hier spreche, es ist die Art, sich als Menschenfreund zu erkennen und dementsprechend zu geben. Und das Wort »geben« – das lass ich mir nicht nehmen – ist überhaupt das schönste auf der Welt! Nichts anderes ist ja schließlich mit dem Begriff »Gentleman« gemeint: Ein Mann, der gentle handelt, ist nicht allein daran zu erkennen, ob er nun der Dame die Tür aufhält, wie wir es aus alten Filmen oder der Literatur kennen. Natürlich hilft ein Gent dem weiblichen Wesen in den Mantel und auch wieder aus ihm heraus. Das ist selbstverständlich. Ich höre immer wieder, genau dies sei ein Anachronismus. Ich meine, dieses Verhalten *wird* nur zum Anachronismus – für den, der Form vor Inhalt lebt.

Aad und ich haben jedenfalls etwas getan, was Rudi nicht konnte: sich herzlich zu umarmen und in der Gewissheit »Auf Wiedersehen« zu sagen, dass man sich im Auge behält. Rudi habe ich eher so in Erinnerung, dass er mitten im Gespräch mit einem Wischblick eine junge Frau taxierte, ob sie womöglich gut zu »gebrauchen« wäre, um sich danach nahtlos in das Gespräch wieder einzuklinken. Als ich Rudi kennenlernte, behauptete er ganz selbstverständlich: »Ich mache die beste Show der Welt!«

Als ich seinen Bruder dreißig Jahre später kennenlernte, ließ er nur spärlich Worte über sein Leben fallen. Ich erfuhr eher über Annemieke, dass er immerhin dreimal verheiratet gewesen war. Dass er mit Geld, im Gegensatz zu seinem Bruder, immer sehr gut umzugehen wusste. Ein sehr erfolgreicher Manager im Versicherungsbusiness. Dezent, wie er aber nun mal ist, dieser Aad, redete er kaum über sich. Rudi zeigte gerne, was er hatte: Geld, Frauen, Autos. Natürlich stets mit diesem Augenzwinkern, aber es war das Zwinkern des kleinen Mannes, der es geschafft hatte. Geschafft, der Enge entronnen zu sein. Jener Enge der kleinen Leute. Apropos kleine Leute: ich erzählte Aad, dass mein Vater, zur damaligen Zeit seines holländischen Exils, immer wieder ein populäres Lied von Louis Davids gesungen habe: »Zo'n hele kleine man met een confectiepakkie an.« Was so viel heißt wie: »Das ist der kleine Mann mit dem Konfektionsanzug.« Mit dem man es machen kann, mit dem die Großen herumspringen, wie sie wollen. Der kleine Mann mit dem Confectiepakkie an muss alles ausbaden.

Vierzehn Tage nach der Begegnung mit Aad bekam ich Post von ihm aus Holland. Neben äußerst liebenswürdigen Zeilen über unsere Begegnung erklärte mir Aad in diesem Brief: »Nach zwei Wochen ist es gelungen, um ein CD zu kaufen mit de kleine Mann von Louis Davids.« So reizend, wie der Holländer und Gentleman die Worte setzte, so gut hätte ich ihm auf Holländisch gern mein Dankeschön geschrieben. Also setzte ich folgende Zeilen auf: »Dieser kleine Mann mit dem Confectiepakkie an hat mir so viel Freude gemacht. Und außerdem scheint er mir, so altmodisch das Liedchen auch klingt, aktuell wie anno '39 zu sein.«

Ich weiß nicht, ob ich Aad zu nahe getreten bin, als ich in meinem Brief über den Modestil seines Bruders schrieb: »Rudi war ein Könner! Aber im Tiefsten seines Herzens blieb er doch der kleine Mann mit dem Confectiepakkie an.« Auch wenn er damals Maßanzug trug. Er war in bestimmten Situationen, besonders in der Öffentlichkeit, mit diesem Habitus beschäftigt: »Schaut her, ich bin's!« Eigentlich empfand ich ihn in seinen Shows lockerer als im täglichen Leben. Alles musste ein bisschen größer, ein bisschen breiter sein. Auch die Frauen durften größer, wenn auch nicht breiter, sein. Ich sehe Aad bei diesen Zeilen schmunzeln; leicht mit den Achseln zuckend, den Kopf schüttelnd, als wolle er wieder so ein »Nein« vorgeben, um dann doch »Kann schon sein« zu sagen. Ich habe mir nie sehr viele Gedanken über aktuelle Mode gemacht. Über die getragenen Kleidungsstücke von Prominenten gibt es ja sehr viele Studien, Seriöses und Unseriöses. Die Klatschblätter berichten über die Versteigerung der letzten Unterhose von Elvis Presley. Das muss ja nicht sein.

Was wurde aber aus den Maßanzügen von Rudi Carrell? Darüber finden Sie nichts in den bunten Blättern. Ich kann es Ihnen aber sagen, falls es Sie interessiert. Die Maßanzüge, oft sehr hell, manchmal sogar ein bisschen schreiend in den Farben, wie ein kleiner modischer Vorgriff auf Thomas Gottschalk, diese Anzüge lagern alle im Fundus der Familie Kesselaar, also bei Rudis Tochter Annemieke.

Ich sehe diese Anzüge im Schrank von besseren Zeiten plaudern, als sie noch den erfolgreichsten Showmaster Deutschlands umhüllten. Und nun? Herren- und inhaltlos die Hosenbeine übereinandergeschlagen, langweilen sie sich. »Ein Bügel ist eben kein Clubsessel«, sagt der graue Flanell zum leicht verknitterten Glencheck. Manchmal aber kommt es dann zu einem Casting. Der Enkel von Rudi tritt vor den Schrank und sucht sich einen der Anzüge des Großvaters aus. Jeder will dabei sein, aber nur ein Anzug kann gewinnen. Wie ich auf so etwas komme? Ich sah Rudis Enkelsohn auf dem Buxtehuder Konzert. Er stand seinem Onkel Aad vis-à-vis ... Der junge Mann trug das Jackett einer Showlegende. Da stand er also nun, der Enkelsohn, gewissermaßen »in Sachen seines Großvaters« erschienen. Dieser Anblick rührte mich. Neulich habe ich meinen alten Smoking verschenkt. Ich schenkte ihn dem jungen Komiker Gideon Rapp. Im Übrigen habe ich keinen Fundus und kann also auch nicht ständig Klamotten aus meiner versketchten und verspielten Showzeit verschenken, versteigern lassen oder gar auf ebay verkaufen. I wo! Ich lebe gut mit meiner Vergangenheit, aber ich lebe nicht in ihr ... Vielleicht ist das auch besser so ...

Gideon Rapp aber freute sich sehr über die alten Klamotten aus einer anderen Zeit; meiner Zeit, als ich noch der Berufsjugendliche war. Jener ewige Ilja.

Und so habe ich auch keinen Fundus zur Verfügung, aus dem sich mein Sohn oder gar die Enkelkinder bedienen könnten. Vielleicht wollte ich es auch vermeiden, dass sich die alte Sketchzeile bewahrheitet: »Guten Tag, ich komme in Sachen meines Vaters!« Rudis Enkelkind im Showjackett rührt mich auch im Nachhinein noch. Warum? Weil der junge Mann ja nicht die Absicht hat, in Großvaters Fußstapfen zu treten. Und ich habe etwas gegen Fußstapfen, in die der Jüngere treten soll. Das hat so etwas Ausgelatschtes. So etwas Vorgegebenes. Ich habe keine Klamotten aus meiner Kinderdarstellerzeit zu vererben. Von der kurzen Hose bis zur ersten Fliege – nichts. Ich werde mich also schwere- und nostalgielos vom Acker machen.

»Es gibt Kindheiten, von denen man sich trennen, Kindheiten, von denen man sich erholen muss ...«

(Zitat aus Eric-Emanuel Schmitts *Monsieur Ibrahim und die Blumen des Koran*)

Monsieur Ibrahim und ich

Wir werden ein Leben lang von anderen Menschen beeinflusst; sie gestalten unser Leben. Besonders unsere Blutsverwandten wollen damit natürlich nur unser Bestes. Das heißt, was ihr Recht auf freie Berufswahl und Karriere angeht: »Ihres ist menschlich!« Aber in nicht seltenen Fällen meinen die Verwandten damit nicht Ihres, sondern leider ihres.

In der Praxis sieht das dann so aus: Kinder werden Ärzte, Apotheker, Philharmoniker, aber das werden sie nicht zufällig! Es gibt keine Zufälle – ein mittlerweile beliebter Satz, den ich nicht mehr hören kann. Variieren wir ihn mit der Behauptung: Es gibt kein eigenes Schicksal. Dank Mama und Papa. Deshalb werden die Kinder Ärzte, Apotheker, Philharmoniker; nur bei Straßenmusikanten ist das selten ein Fall von Familientradition. Eher ein Notbehelf für, mitunter, gestrandete bürgerliche Existenzen. Metzgerväter zum Beispiel drängen seit Generationen ihre Söhne hinter die familiäre Fleischtheke; was zwangsläufig einen Haken hat. Ich möchte sogar sagen: mehrere. Es handelt sich hier um eine Art Kadavergehorsam, der nur ganz selten von Metzgersöhnen wie Stefan Raab erfolgreich durchbrochen wird.

Mein Freund Monsieur Ibrahim machte seinem Sohn, einem Adoptivsohn übrigens, zwei wundervolle Geschenke. Er vererbte ihm seinen Kolonialwarenladen, seinen Koran (eine sehr alte Ausgabe übrigens), und in der befand sich eine blaue Blume. Wer das Buch gelesen oder den Film »Monsieur Ibrahim und die Blumen des Koran« gesehen haben sollte, weiß sofort Bescheid; hier erbt ein kleiner, unglücklicher jüdischer Junge in der Rue Bleu am

Ende einer komplizierten Geschichte den einzigen moslemischen Kolonialwarenladen in einem ansonsten komplett jüdischen Viertel. Das Ganze spielt in den Sechzigerjahren. Brigitte Bardot hat Hochsaison und hält zum Beispiel durch ihre kurzfristige Anwesenheit in der Rue Bleu mit Filmarbeiten den ganzen Verkehr auf; sogar den der Nutten. Nun erzähle ich Ihnen das alles hier nicht, damit Sie sich vor Ihrem geistigen Auge vorstellen sollen, wie die Frauen des Bezirks giftigen Blickes selbst mal kurz überprüfen, ob die Bardot denn nun »wirklich so schön ist, wie man sagt«; oder die Männer in der Gegend nicht mehr denken können, »weil ihnen ihr Hirn in die Hose gerutscht ist«. Nein, nein, das könnten Sie ja alles noch einmal bei Schmitt nachlesen oder sich den Film mit Omar Sharif anschauen.

Ich will Ihnen hier schildern, wie eine Rolle mein Leben veränderte, na, sagen wir zumindest: stark beeinflusste! So etwas mache ich im ganzen Buch nur zweimal. Denn diese gut zweihundert Seiten sind keine Schauspielermemoiren, die »Stationen eines Komödianten« abhaken. Wer ist schon Komiker? Eben. Ich aber bin Ihr Zeitgenosse. Wir haben ein Stückchen Zeit miteinander – mehr oder weniger – genossen. Es sind nun aber ganz bestimmte Sätze aus diesem Stück des »Monsieur Ibrahim«, die ich auch heute noch, nachdem ich diese Rolle nicht mehr spiele, immer mal wieder auf den Lippen habe. Wahrscheinlich bis zu meinem letzten Atemzug. Das klingt theatralisch? Nun ja, mag sein. Aber ich lächle dabei. Das habe ich von Monsieur Ibrahim gelernt! Sein Lieblingssatz, »Versuch's doch mal mit einem Lächeln, und du wirst sehen ...«, zieht sich durch die ganze Ibrahim-Geschichte.

Dieser Satz ist eine der ersten didaktischen Aufforderungen des völlig A-Intellektuellen Monsieur Ibrahim an seinen kleinen »Schüler« und Kunden Momo. Den er ja so nennt, weil ihm Moses zu bedeutend klingt. Ansonsten hält er nichts von Büchern! Ihm reicht sein Koran! Momo kann nicht lächeln, weil er glaubt, dass

»Lächeln« nur etwas für reiche Leute ist. »Lächeln? Das kann ich mir nicht leisten!«, sagt er trotzig zu Monsieur Ibrahim. Wenn dieser Satz fällt, lächelt dafür mancher Zuschauer im Parkett. Auch der eine oder andere Leser dürfte sich beim Lesen dieser Heiterkeitsverweigerung des Momo amüsiert haben. Vor allem darüber, mit welch heiteren und klugen Tricks Monsieur Ibrahim arbeitet.

Der Autor Schmitt nimmt uns an die Hand, und anhand eines kleinen französischen Jungen erleben wir zunächst Trauriges. Er ist der Sohn eines vom Holocaust geschädigten Vaters. Er liebt seinen Sohn, kann sie aber nicht umsetzen, diese Liebe; bringt sich dann auch eines Tages um, weil er es nie verwunden hat, davongekommen zu sein – »er hat sich Vorwürfe gemacht, überlebt zu haben!«

Ein trauriges Erbe. Wir erben nun mal von unseren Vätern (und Müttern) nicht nur – siehe oben – die familiären Bibliotheken, Apotheken, Metzgereien oder Anwaltskanzleien, sondern auch die über Jahrhunderte alte Tradition von humorlosig-herzloser Grobschlächtigkeit. Das ganze Erbgut der Psychosen, Neurosen. Es geht eben nichts über Familie.

Weshalb also hat Monsieur Ibrahim in einer sich immer mehr brutalisierenden Welt so ein großes Publikum gefunden? Weil wir uns nun mal nach Wärme sehnen! Wir bedauern zwar das Sterben des Tante-Emma-Ladens an der Ecke, gehen aber prompt zum Großeinkauf in die Fress-und-Sauf-Einkaufsketten; seit ich Monsieur Ibrahim gespielt und verinnerlicht habe, suche ich mehr denn je die kleinen Läden auf. Immer öfter. Und ich finde sie auch. Besonders in den Großstädten wie Berlin, Hamburg oder Köln hat ja der Türke an der Ecke das Erbe von der deutschen Tante Emma längst angenommen. »Mit einem Lächeln ...« – wie Monsieur Ibrahim. Es gibt ihn nämlich noch. Zumindest seine Enkel. Es sei denn, dass die Familien in dritter Generation hier in Deutschland etwas von unserer schlechten Laune abgekupfert haben. Dann natürlich leidet der Service. Ganz zu schweigen von der fundamentalistischen Note. Da wächst kein Humus des Humors mehr.

Nicht bei Menschen, die behaupten, in welcher Religion auch immer, dass sie die einzige und richtige sei. Wenn wir uns allerdings unseren arabischen Mitbürgern in den letzten Jahrzehnten mehr angenähert haben, dann vielleicht nicht durch unseren Kopf, sondern eher durch unseren Bauch. Es fehlt uns nur noch – über die von uns geschätzten, orientalischen Gerichte hinaus – etwas von jener morgenländischen Gelassenheit. Davon könnten wir einen Hauch gebrauchen. Mit einem Lächeln die Unbill des Alltags zu ertragen – das wäre doch erstrebenswert. Aber können wir das?

Sieben Jahre lang habe ich den Monsieur Ibrahim gespielt; aber erst in diesem verflixten siebenten Jahr meiner Vagantenjahre lachte auf einmal das Publikum bei »Monsieur Ibrahim« an der falschen Stelle.

Das empfand ich als erschreckend. Aber auch als Zeichen unserer Zeit. Es geschah nämlich immer wieder bei jenem wunderbaren Satz, wenn der alte Moslem auf seiner Reise mit Momo ins Land seiner Väter zuvor noch in einem Bergdorf eines anderen Landes haltmacht und sagt (die Augen schließend): »Riechst du das? Es riecht nach Glück … Das ist Griechenland …« An dieser Stelle pflegte ein nicht geringer Teil des Publikums zu lachen; wahrscheinlich hatten einige unter ihnen das Chaos und die Wut der Griechen in lebendigen Bildern der Tagesschau im Kopf. Nachrichten also, die längst von anderen chaotischen Nachrichten über andere desaströse Nationen »abgelöst« worden sind. Und so belächeln wir, blödsinnig unbegründet, die Belassenheit unserer Nachbarn. »Die Langsamkeit, sie ist das Geheimnis des Glücks«, durfte ich als Monsieur Ibrahim an so manchem Abend sagen, und nicht selten erntete ich, bei allem Wohlwollen des Publikums, ratlose Stille an jener Stelle. Gewiss, kann schon sein, dass ein paar Leute unten im Parkett Sten Nadolnys »Entdeckung der Langsamkeit«

gelesen haben mögen. Dennoch: die Atmosphäre war jetzt eine andere geworden;
Zeit zu leben, Zeit zu sterben.
Monsieur Ibrahim gibt dem kleinen Momo, bevor er sich auf's Sterben vorbereitet – in aller Langsamkeit – noch einen Wink des Himmels mit auf den Weg. Er schaut nach oben zum Abendstern.
»Für uns alle ist dort oben eine Leiter aufgestellt. Damit wir entfliehen können.«
Momo nickt und ist zufrieden.
Meine Berliner Putzfrau war es nicht. Nach einer Vorstellung im Schlossparktheater meinte sie nur knapp: »Eens hab ick nich vastandn. Dit mit die Leiter ins All. Also erstensma: wer fliecht mich dahin, wenn ick mal dot bin, und ssweetens: wer hält mir dit Ding?«
Was sagt uns das? Wir Deutschen bleiben nun mal ein rationales Volk. Und die Berliner? Sie bleiben immer so ein bisschen irrational ... in ihrer Sachlichkeit.
Walter Mehring, berühmter Publizist der Zwanzigerjahre, über das Berliner Tempo:

> *»Und wer sich 'ne Oase kooft*
> *und zukiekt wie der Hase looft,*
> *der fährt immer mal wieder*
> *mit der Hand über'n Alexanderplatz,*
> *und Trumpf ist Gassenbube.*
> *Von Nepp zu Nepp een eenzjer Satz:*
> *Rinn in die jute Stube!*
> *Mach Kasse, Mensch,*
> *die Großstadt schreit:*
> *Keine Zeit, keine Zeit, keine Zeit.«*

So schrieb er, der Herr Mehring. Hochbetagt und verarmt aus der Schweiz angereist, nahm er in den Siebzigerjahren verschmitzt einen Preis von Berliner Journalisten in Empfang. Die Pressekonferenz eröffnete er mit dem Satz: »Guten Abend, meine Damen und Herren, mein Name ist Kurt Tucholsky!« Heutzutage wäre selbst diese Pointe in Gefahr, nicht mehr überall so gut zu landen, denn: fragen Sie doch mal junge Leute unter dreißig nach Tucholsky. Vielleicht wird einer sogar nicken und sagen: »Kenn ich. Das ist doch diese Kneipe in der Torstraße, oder?«

Ungleiche Paare

Sollte ich noch ein Drittel meines Lebens vor mir haben? Das hieße ja für mich, jetzt mit sechzig, dass ich neunzig werden dürfte. Darf ich? Will ich? Es kommt immer auf das Niveau an; ob ich ein Jahrzehnt lallend oder hellwach durchleben darf oder nicht. Du kannst nicht immer sechzig sein, neunzig aber auch nicht immer. 2012 wurde unser Altkanzler dreiundneunzig. Prompt schrieb der *Tagesspiegel*: »Helmut Schmidt hat eine Neue!«, und begab sich damit (fast) auf das sprachliche Niveau der *Bild*-Zeitung. Na, wenigstens war die Zeile nicht fett gedruckt; der Schreiber konstatierte inhaltlich, dass der Altkanzler eine »Neue« habe, und wie sich das Wort »neu« relativiert, entdeckte ich bei den nächsten Zeilen. Die Dame heißt Ruth Loah und kennt Herrn Schmidt schon seit anno '55, also nicht wirklich eine Neue im Leben des Alten! Neu genug aber für Überschriften gewohnter Art. Der über alle Parteien hinaus heutzutage bewunderte Altkanzler brach mit dieser Damenwahl mal wieder erfrischend ein Tabu. Als rauchender Ur-Kanzler hatte er es sich ja immerhin zuvor in Nichtraucherzonen bequem gemacht. Auch Fernsehstudios wurden davon nicht verschont. Eine kleine, spießige Bürgerinitiative forderte Gefängnis für den Ersatz-Bismarck. Darauf angesprochen, lächelte Herr Schmidt und zündete sich 'ne neue an. Und nun hatte er 'ne Neue. Frau, meine ich. Die Zigarette pafft er lässig nebenbei. Liebe in hohem Alter, mit Gleichaltrigen und eben gar nicht auf Frischfleisch aus, bekommt direkt etwas Progressives! Es ist so schön weit weg von der altersstarrsinnigen Geilheit des *Playboy*-Chefs Hugh Hefner; der mit fünfundachtzig Jahren mit einer Blondine am

Arm seinen Schritt in ein neues Leben wagte. Mit oder ohne Herzschrittmacher, er schritt. Beim ersten Anlauf war ihm die Braut abhandengekommen. Vielleicht waren da noch ein paar Policen offen bei der Lebensversicherung. Und dann wäre da noch George Soros. Er empfahl Deutschland immer wieder mal, entweder als Wirtschaftsmacht die Führung zu übernehmen oder aus dem Europa-Verbund auszutreten. Privat trat er zweimal aus der Welt der Eheleute aus. Fünf Kinder, gut verteilt über alle Kontinente, sind die Früchte seines reichen Ehelebens. Mit zweiundachtzig Jahren wagte der Billiardär den Schritt noch einmal. Sie ist zweiundvierzig und Yoga-Lehrerin. Das alles ist Futter für die Presse; aber wenn ein Dreiundneunzigjähriger wie Schmidt eine flotte Neunundsiebzigjährige wie Frau Loah plötzlich seine Freundin nennt, hat das doch etwas Rührendes, Menschliches und: macht Hoffnung! Mir jedenfalls. Auch wenn ich nicht mit »gutem Beispiel« vorangehe und mich als Spezialist für die Siebziger auf eine ebensolche geworfen habe. Ein jung gebliebenes Herz schlägt immer ehrliche Herztöne an; insofern ist dem Zynismus Einhalt zu gebieten. Weil sich viele alte Menschen eher Hoffnung nach einem zweiten Glück machen. Nachdem also der Partner oder die Partnerin gegangen ist, ob nun biologisch bedingt oder durch späte Scheidung – was soll's! Lieber spät als nie! Der Mensch strebt nach Freiheit!

Muss man sich als älterer Zeitgenosse wirklich entschuldigen, wenn man es mit einem noch älteren Menschen treibt? Scheinbar ja! Vielen jungen Leuten rutscht ab und zu in diesem verlogenen Bio-Biedermeier schon einmal so etwas heraus wie: »In diesem Alter? Muss das sein?« Ja, es muss, verdammt! Auch mit achtzig! Du kannst nicht immer …? Eben drum. Das Leben wird dir vielleicht noch geben, was es mit siebzehn dir versprach … Du musst es wagen. Vielleicht bist du heutzutage mutiger als mit siebzehn. Oder hatten Sie eine glückliche Pubertät? Na, sehen Sie! Und lieber ein neues Glück im Alter wagen, als an der alten Ehe kleben;

oder nach dem Tod des Partners einer gemeinsamen Erinnerung nachhängen. Erinnerungen, die nicht mehr gemeinsam genossen werden können. Sex in the city ab 60plus? Warum nicht!?

Alter Mann / junge Frau – das wollen die Leute sehen, das wollen sie lesen. Aber alt zu alt gesellt sich gern? Igitt. Da gab Willy Brandt doch ein bisschen mehr her – mit seinem Sonderzug, der eher ein Triebwagen war.

Also – nur Mut, ihr sweet Sixties aufwärts!

Lieber eine neue Verbindung eingehen, als in der alten ein Stückchen Hölle auf Erden durchmachen. Gerhart Hauptmann hat das wunderbar in einem Satz auf den Punkt gebracht:

»*Es gibt nichts so Grauenvolles, wie die Fremdheit derer, die sich kennen.*«

Alle Menschen werden prüder

Die Behauptung, dass es nichts Unwichtigeres als die Zeitungen von gestern gäbe, rührt von der Empfindlichkeit der Schauspieler her: Sie hoffen, dass die Fischfrauen am Markt morgen die schlechten Kritiken über sie von gestern als Einwickelpapier benutzen würden; eine völlig überholte Illusion! Die Fischfrau ist toter als ihre Fische, der Markt ist ein Supermarkt. Und die Tiefkühlfische werden durch Bomben in Massenvernichtungsnetze hineingebombt; Angelhaken sind passé wie der Schmelz von Peter Alexander; man wusste von ihm privat nur, dass er alles tut, was seine Frau sagt; aber lieber wäre er fischen gegangen. Das wusste man zumindest. Ob er prüde war, weiß ich nicht, und es geht mich auch nichts an. Ob diese Republik prüde ist, betrifft mich schon eher. Ich lebe schließlich mit ihr. Und wenn schon meine einzige Ehe von zwei müden Jahren nicht hingehauen hat, möchte ich wenigstens, dass es nach sechzig Jahren mit mir als Republikaner klappt. Selbstverständlich hängt es von ihr ab. Es liegt immer an ihr. Jawohl. Meine Republik ist schließlich auch nur eine Frau! Ich liebe meine deutsche Sprache; deshalb bin ich ihr – bei aller Bewunderung für die Noblesse im Englischen und der verknappenden Sportlichkeit im Amerikanischen – hörig; besonders den Artikeln der/die/das – schließlich geben sie unseren Sätzen erst ein Geschlecht. Diese Republik ist zwar vom Artikel her weiblich, aber man merkt selten etwas davon! Deshalb passt ja auch die Kanzlerin zu uns wie das Gretchen auf Faust. (... auch so eine geschlechtslose Geschichte. Alter Akademiker opfert deflorierte Jungfrau für die Wissenschaft, lässt einfach die Jugend unter sich liegen, um zu erfahren, was den Kern der Welt im Inneren zusammenhält. Sex ist okay. Zu viel Erotik lenkt da nur ab.)

Wenn ich nur wüsste, wann das mit der neuen Prüderie in unserer Republik wieder angefangen hat ... dieses neue Biedermeier. Dazu empfehle ich Ihnen zwecks Recherche, alte Zeitungen mal eine Zeit lang aufzubewahren; nicht wenige machen das ja schon längst. Zum Beispiel mit den *Spiegel*-Magazinen oder mit der *Zeit*. Auf der Suche nach den verlorenen Zeitschriften können Sie beunruhigt Sachen über uns lesen, als wären es Kritiken; nur, dass Sie keine Schauspieler sind, sondern: Bundesbürger und -bürgerinnen wie du und ich. Und die Presse über uns ist vernichtend. Gehören Sie zum Beispiel auch zu den neunzig Prozent, die vor gar nicht so langer Zeit den Rücktritt eines Politikers forderten, weil er an einer Bar einer Journalistin gegenüber zum Ausdruck gebracht hatte, dass »sie ihr Kostüm sehr gut ausfülle«?! Die ehrgeizige Journalistin hat dann auch prompt aus dem Gequatsche, bar jeder Vernunft, ein Interview gebastelt, um es der Empörungsgesellschaft als Sensation zu präsentieren. Alle Menschen werden prüder! Sie nicht? Kompliment! Ich weiß schon, für wen ich schreibe! Ein gefundenes Fressen für die neuen Biedermeierbürger war auch der weggekickte Bundespräsident, in dem sich Millionen widerspiegeln konnten, weil er das gemacht hatte, was wir alle gerne tun: günstige Angebote einer Bank wahrzunehmen, um das Häuschen zu finanzieren. Sie sagen: Alles News von gestern? – Richtig. Aber der Präsident ging, und die Spießer blieben! Sie natürlich nicht! Ich weiß schon, für wen ich schreibe. Ich wiederhole mich? Richtig! Sie auch! Wir alle! In jedem von uns steckt der kleine Präsident. Wir nehmen doch gerne Einladungen von reichen Freunden an. Wir sind froh, wenn wir welche kennen, die uns ihre Gastfreundschaft anbieten; und natürlich legen wir nicht, wie es eine kleine, verlogene TV-Moderatorin verlangte, nach dieser genossenen Gastfreundschaft einen Geldschein auf das benutzte Gästekopfkissen. Wer tut das denn? Niemand! Das sagte auch der gewesene Präsident. Wo er recht hat, hat er recht. Das reduziert wohl jeden Hausherrn samt Hausdame auf Zimmermädchenniveau. Danke, der Rest ist für Sie! Aber – alle Menschen werden prüder. Und neidisch! Besonders, wenn sie Prominenten bei Sachen zuschauen, die sie selber hätten gerne machen wollen; und in ihrem Rahmen der Möglichkeiten tun sie es ja auch! Stichwort: VW-Management an der Copacabana! Hossa!

Kommt es dann noch neben dem Pekuniären zum Sex, sind wir Deutschen nicht mehr zu halten ... in unserer Empörung! Und dabei spiegeln die provinziellen Marotten und stillosen Witzchen unserer Politiker doch nur die Stimmung im Hinterland wider. Das ist aber nicht deutsch! Das ist wieder mal ganz menschlich! »New York ist nicht Amerika!«, heißt es nicht zufällig, um die öde, verklemmte Lebensart in amerikanischen Provinzen auf einen Nenner bringen zu wollen.

Jedes Land bekommt eben die Politiker, die es verdient. Und wenn der deutsche Durchschnittsmann unfähig ist, einen guten Flirt anzubieten, ist das Verhalten unserer Landespapis nur ein Spiegel dieser Unfähigkeit. Provinz ist überall. Auch in der Hauptstadt! Peter Bogdanovic hat in dem Film »Is' was, Doc?« in einer kleinen Szene einen verdächtig deutsch aussehenden Dieb auf den geflüsterten Rat seines Diebeskumpans, der reichen Frau mit Charme die Tasche zu entwenden, in etwa diesen Dialog geschrieben: »Los! Du gehst jetzt zu ihr, und dann nimmst du ihr die Tasche weg!« – »Aber wie? Wie weg?« Antwort: »Mit Charme!« Der kleine, dicke Dieb nickt, brabbelt noch mal kurz vor sich hin: »Charme«, läuft auf die alte Frau zu, stellt ihr ein Bein und rennt mit der Tasche weg. So viel zum Thema »republikanische Charmebolzen«!

»Altern wie ein Gentleman« – das konnte der kleine Hinterbänkler aus dem Bundestag noch nie. Woher auch? Papa war im Krieg. Großvater kannte noch wilhelminischen Drill, und was war später? Nach dem Krieg? Adenauers Schlauheit, den Alliierten die Stadt Bonn als Bundeshauptstadt einzureden, damit er von seinem Rhöndorf aus einen kürzeren Arbeitsweg hat; ist doch nachvollziehbar. Das würde jeder so machen. Nur war der Mann eben zufälligerweise Bundeskanzler. Die Weltgeschichte hat anders entschieden! Es gab geografische Verschiebungen in unserem Land. Nun gut. Bonn kam nach Berlin. Man merkt's noch allenthalben. Aber es wird besser.

Ich, sechzigjähriger Republikanerbub, ich schaue nun auf unsere sechzigjährige Republik und sage nicht: C'est Bonn! Bonn findet in Berlin nur noch auf dem Presseball statt. Modisch gesehen das volle Godesberger Programm. Ich bin dennoch guter Hoffnung. Was sich in den Fünfzigern wie ein stickiger Zeltstoff, gewebt aus Humorlosigkeit, schlechtem Gewissen und alter Kameraderie über dieses Land gespannt hatte, ist in Berlin nicht mehr möglich. Zu überspannt an sich, meine Heimatstadt. Zu verrückt schon immer. Zu widerborstig. Alle Menschen werden prüder? Nicht alle! Ich rudere zurück! Wir sitzen zwar gemeinsam in einem Boot; einem Achtzig-Millionen-Boot – und rechts, also steuerbord, rufen ein paar Leichtmatrosen: »Das Boot ist voll!« Sie wollen nicht sein, was wir längst sind: ein Einwanderungsland! Worauf Amerika stolz ist, sind die Damen und Herren auf der rechten Seite sauer. Da müssen wir eben aufpassen. Wir da drüben. Backbord. Also links. Aber was ist heut schon noch links. Schauen Sie sich das Boot doch an! Mit einer echten Meuterei ist allerdings nicht zu rechnen! Aber auch nicht mit muffigen Fünfzigerjahren als Reprise.

Gewiss: in einer Emnid-Umfrage vom Januar 2013 zeigen sich junge Deutsche von einer erschreckend langweiligen Seite: neunzig Prozent nannten als ersten Punkt, was sie im Leben niemals machen würden: den Job aufzugeben, bevor man einen neuen hat! Glückwunsch! Also sexuelle Belästigung am Arbeitsplatz, herrschsüchtige Chefs, die heute mal den Kollegen und morgen mal Sie selbst vorführen wie eine Pudelnummer im Zirkus – oder Lohnverweigerung bei durchaus hoher Dividende – all das nimmt man in Kauf. Augen zu und durch! Das ist aber nicht deutsch! Stimmt! Das ist mal wieder menschlich!

Nun waren allerdings in unserem Land Widerborstigkeit, Kampfgeist und Solidarität schon immer rar oder fehlgeleitet. Entweder wir produzieren Duckmäuserei oder aber krassen, massenhaften Wahn. In einer Liebes- und Leidensfähigkeit zum Führer bewiesen unsere Großeltern, dass wir Deutschen es im Tiefsten unseres Innern durchaus zur italienischen Oper schaffen könnten. Wagner starb in Venedig! Und sein Germanentum? Das Männlichste an Wagner war seine Frau!

Wir Deutschen sind ein opernhaftes Volk, aber die Italiener singen einfach besser. (Das kann man in jedem Fußballstadion nachprüfen.) In den letzten Jahren verkleiden wir unsere Opernhaftigkeit wieder in neue Sachlichkeit! Und Biederkeit! Da kommt sie dann wieder hoch, die deutsche Theatralik. Ob die Italiener die besseren Liebhaber sind? Ich weiß es nicht. Woher auch? Und die Franzosen mischen sich sowieso ein und sagen, dass sie das Copyright für die Liebe haben.

Sagen wir mal so: Lieben kann jeder – flirten die wenigsten. Die deutschen Männer kennen durchaus die Zunge im Mund der Fremden; nur der Handkuss ist ihnen fremd; der ist aber keinesfalls ein überholter Verhaltenskodex aus Wiener Operetten. Überall auf der Welt, wo ein Gent weiß, dass sein Benehmen nichts mit dem affektierten Gehabe eines schlecht gespielten Butlers einer After-Eight-Reklame zu tun hat, küsst er noch ... er küsst, der Mann von Welt ... Die Hand, meine ich!

»Auf den Flügeln des Gesanges«

»Blamier mich nicht, mein liebes Kind.
Und grüß mich nicht unter den Linden.
Wenn wir nachher zu Hause sind,
wird sich schon alles finden ...«

(Heinrich Heine)

Dieser deutsche Dichter, der von Paris aus moralisch auf uns schaute und dabei nie in dichtender Bewunderung weiblicher Schönheit und Klugheit den Charme vergaß, ist eine Ausnahme. Unsere Satiriker waren nie charmant. Bis auf wenige Ausnahmen. »Deutsch bleibt deutsch, da helfen keine Pillen«, schrieb Tucholsky, der Heine des zwanzigsten Jahrhunderts, der, wie er, Jurist war. Moralist – aber nie prüde; nimm das Wort »Moral« in den Mund, und es schmeckt trocken. Das an sich wundervolle Wort »Demut« erweckt schnell das Bild vom gekrümmten Rücken und Schuld am Tode Christi. Das Prinzip des schuldig Geborenen ist nicht deutsch, es liegt ja als Kernpunkt im christlichen Glauben selbst verankert. Aber wir Deutschen sind eben Meister in der Braukunst von Moralinsäure. Der Spießer hat gerade Hochkonjunktur. Viele Menschen werden prüder. Manche waren es schon immer. Und einige Damen und Herren von der Presse schreiben die passenden Artikel dazu.

Irgendjemand wird schon irgendwann die verschwundene Krawattennadel Hitlers wiederentdecken, die Eva einst ihrem Adolf geschenkt hat. Mit der Inschrift: »Heil, Mausi!«

Ich glaube dennoch an unsere Republik. Ich verteidige unsere Demokratie als ein – wie Churchill es formulierte – immer noch kleinstes aller möglichen Übel!

Die jungen Leute der westlichen Welt wollen nicht mehr Soldat spielen, aber sie lassen sich auf eine andere Form der Uniformierung ein: sie werden zu adidas-Soldaten und Konsumhelden. Geben sich demokratiemüde und wollen einfach nicht zur Kenntnis nehmen, dass sie mit allen Mitteln der Macht, besonders der Medienmacht, von Kopf bis Fuß manipuliert werden … Sie geben freiwillig ihre Daten ab wie wir früher den Hut bei der Garderobiere. Meinen Hut bekam ich immer wieder. Aber was ist mit den Daten? Sie bleiben im Einkaufsnetz von circa sechs Trusts. Mehr sind es nicht, als diese maximal sechs Giganten, die uns global »versorgen«.

Wer denkt bei einem Produkt von Nike schon an Kinderarbeit in Fernost? Dabei ist Nike an sich nur der Name der griechischen Siegesgöttin. Sie verkörpert den Erfolg! Passt doch wieder! Wie ein Schuh von Zalando passt das. Inklusive hysterischem Anfall und orgiastischem Ausfall von kleinen, dummen Frauen … Aber immer schnike … Dank Nike.

Ich glaube an unsere Republik und an meinen kleinen Sohn.

Und an alle Söhne und Töchter dieses Landes. Ich habe einen Traum (jetzt nudel ich auch noch mal den oft genudelten Satz vom armen toten Martin Luther King herunter, aber wenn's der Wahrheitsfindung dient, mach ich das, zum Teufel):

Also: Wenn die Werbung unseren Kindern einfach genug ins Hirn gepinkelt hat und wenn sie durch selbst verschuldete Müllhaufen einfach nicht mehr Luft kriegen, werden sie sich schon welche verschaffen!

*Denn sonst stehen unsre Kinder
als die neuen Beduinen
abgetakelter Moderne
vor entleerten Denkzentralen.
Übelkrähen auf den Dächern
der Bankiers; das ham'se gerne.*

*Banker kannten
»ihren« Marx
und sie sagten in der Regel
über Thesen von Herrn Hegel
ökonomisch niemals: »Quarks!«
Doch der Bruchpilot
des Ismus
überflog
erst Sozialismus,
später Spätkapitalismus.*

*Und nun stehen unsre Kinder
als die neuen Beduinen
abgetakelter Moderne
vor entleerten Denkzentralen.
Ihr Bankiers! Habt uns mal gerne!!,
ganz entfrommter Kathedralen.*

Jugendführer, ein gewisser
Herr Bakuni* (sparsam isser),
spart das »N« sich;
vor der Uni ruft er aus:
»17. Juni!«
Ja, es gibt magische Zahlen
und auch Namen; die Zentralen
unter theatralen Qualen
geben sie kurz vor, zu zittern
vor den kindlichen Gewittern.

Denn jetzt stürmen unsre Kinder
als die neuen Beduinen
abgetakelter Moderne –
alle fort? Das ham'wa gerne!,
die entleerten Denkzentralen.
Pleitegeier auf den Dächern
lachen sich halb tot vor Rächern.
Vorneweg der Herr Bakuni.
SMS:
»17. Juni
wird«, (so liest er)
nun von oben
»auf den 18. verschoben!«

---

* Bakunin: berühmter anarchistischer Führer

Aber ich rede von einem internationalen 17. Juni, und die Panzer können nicht überall sein! Das lässt sich nicht synchronisieren! Aber dank Internet, dem oft verteufelten, und anderen Medien in den Händen unserer Lieben werden unsere jungen Leute vielleicht der Disneysierung Einhalt gebieten. Wir können nicht immer hier sein, und unsere Republik altert ein bisschen schneller, als mir lieb ist. ABER:

Einmal, da werden unsere Kinder siebzig und wir Älteren bereits auf anderen Schiffen dem Unbekannten entgegengesegelt sein. Jetzt aber ist die Zeit – unsere Zeit!

Sorgen wir dafür, dass die Hitlerei in den Hirnen der Jugend nicht zum Fantasymovie verkommt; dass die DDR historisch da abzuhaken ist, wo sie hingehört: als Diktatur ohne Hakenkreuz. Vergleiche zwischen der einen und der anderen Diktatur hinken wie Goebbels Hinkefuß; wenn aber die jungen Leute heute nach einer Umfrage in Haupt- und Realschulen nicht einmal mehr wissen, wer Goebbels gewesen ist, wird es Zeit, dass wir Rentner und solche, die es werden wollen, uns um unsere Kinder kümmern. Und um unsere Enkel! Lächeln wir. Aber weglächeln sollten wir das alles nicht.

Da hat Sven Kuntze schon recht, wenn er in seinem Buch über die »Rechnung für unseren Lebensstil« und die Zukunft unserer Kinder und Enkelkinder von einer zu erhoffenden »Schadensbegrenzung« schreibt. Wenn uns die nicht gelänge, schreibt Kuntze, »übernimmt die Natur die Herrschaft, und die kann rücksichtslos sein, wie sie verschiedentlich angedeutet hat. Aber das wird dann nicht mehr unsere Welt sein.«

Und an anderer Stelle: »Der Lebensabend wird kurzweiliger, wenn wir über das Missgeschick anderer, das auch immer unser eigenes ist, lachen dürfen.«

Eben! Deshalb empfehle ich Ihnen Schlagzeilen von gestern! Sie werden sich, nein, uns darin wiederfinden. Für Sven Kuntze heißt das Zauberwort der Zukunft »Ehrenamt«. Und ich sage: Wir, also die Generation der Sechzigjährigen und darüber hinaus, sollten ein Stück Utopie in die Tat umsetzen. Das wäre ein Stück gelebte Utopie. Durch Rentner. To rent heißt bekanntlich mieten. »Utopia to rent« – das wär schon die halbe Miete! Und Sie wissen ja: Wunder gibt es immer wieder.

Das Wunder von Kassel

Das letzte Wunder in dieser Gegend fand an einem herrlich langen Sommerabend statt. Auf der Wilhelmshöher Landstraße. Ich ließ eine kleine Hand in meiner Hand verschwinden.

Dass ich im Landesstudio Kassel wöchentlich eine mit hoher Prominenz besetzte Talkshow produzierte, lag am Hessischen Rundfunk. Dass ich an einem drehfreien Tag in Kassel eine Kopfgeburt gebar, lag an mir!

Dieses scheinbare Nichts, das Händchen meines angedachten Sohnes, legte sich also in meine zu Ende gedachte Menschenhand; den Arm leicht angewinkelt lief ich über die Wilhelmhöher Landstraße, als hätte mir mein Freund Harvey, Sie wissen schon, der berühmte zwei Meter große Hase, seinen kleinen Löffelsohn zum Babysitten übergeben. Mag sein, dass das ein lächerlicher Anblick war. Ich spürte da ein Wesen, so eine Art verlängerten Arm. Ich hatte nicht die Absicht, mich von zwei aus dem Seniorenheim heraustretenden Generalswitwen ablenken zu lassen. Hätte ich mich auf den Ausdruck dieser Seniorenburgfräuleins konzentriert, hätte ich mein Kind vielleicht verloren, geistig abgetrieben.

Ich hatte nicht etwa meinen Körper verlassen, wie wir es in irgendwelchen Fantasyfilmen immer wieder vorgeflunkert bekommen, ich hatte mich schlicht und einfach zum Weltkörper gesteigert. »Der Mensch soll sich über das Leben erheben«, schreibt Schopenhauer. Und das tat ich. Ich hatte mein empirisches Ich beurlaubt. Und ich hatte mir keineswegs ein Kind nach meinem Ebenbilde, bin ich Gott?, in die hohle Hand gezaubert. Nur Raum und Zeit waren kurz vergessen.

Während sich meine Augen schlossen, kann ich mich nicht erinnern, mit dem berühmten dritten Auge den alten Damen zugezwinkert zu haben, weshalb sie, als ich sie öffnete, wie vom Erdboden verschluckt waren. Durchaus möglich, dass sie sich wieder in die Seniorenburg zurückgezogen hatten; wo sie, angereichert durch ein paar menschliche Übertreibungen, die eben beschriebene Geschichte zum Anlass nahmen, dass man sich abends einfach nicht mehr allein auf die Straße trauen könne. Aber sie seien ja zu zweit gewesen ...

Und ich denke heut im Nachhinein: das waren *wir* auch: Mein Sohn und ich. Allein zu zweit. Der Namenlose und ich. Das Ganze hatte natürlich noch nicht Hand und Fuß im körperlichen Sinne oder gar ein Herz; aber eine Seele. Sie hatte sich nur noch den richtigen Körper für sein Ich zu suchen. Und bei dieser Suche war ich ihm behilflich. In Wirklichkeit natürlich: Uns!

Ich bin an diesem Abend wieder in die sogenannte Individuation zurückgesunken und damit im vollen Bewusstsein, mich auf der Wilhelmshöher Landstraße zu befinden, »aufgetaucht«.

Die Ferien vom Ich waren beendet. Ich weiß nicht, ob es sich hier um eine Reise in einer Minute oder einer Stunde gehandelt hat. Woran ich mich erinnere, war, dass ich noch immer den Arm leicht von mir abgestreckt hielt, die Hand also zur sanften Vaterpfote geballt, »mein Kind« nach Hause gebracht habe.

Nach Hause heißt: ins Hotel. Meine Heimat liegt in der Bewegung.

Erst in meinem Hotel ließ ich das Händchen dieses Kindes los und war – davon bin ich auch heute noch überzeugt – von diesem Tage an dreieinhalb Jahre schwanger.

Meine Offenbarung

Ein Spot geht an ... Und ein Mann mit kurzen Haaren wie Woyczeck, in einem grob gestickten proletarischen Pullover, über dem breite Hosenträger zu sehen sind, steht im grellen Scheinwerferlicht und schreit überglücklich hinaus in die Welt: »Ich bin der Vater, ich bin der Vater!« Der Spot geht wieder aus, und der eben noch im Licht gestandene Hauptgewinner geht ab. Lacher. Applaus. Jeder im Saal des Musicaltheaters weiß zu diesem Zeitpunkt der Handlung, dass die Ehefrau des armen Wichts weder die Mutter seines noch irgendeines Knaben ist; dafür aber eine Mörderin, die mit allen Mitteln versucht, dem Henker zu entfliehen. Dazu kommen noch zehn weitere Damen, die keine sind und alle irgendwann irgendwen umgebracht haben. Das Ganze mit Musik und Tanz, inspiriert von Brecht und Weill.

Seit der Uraufführung von »Chicago« am Broadway lachen die Leute über vieles, ganz besonders gern aber über Mister Amos Hart, der sich, nicht ohne Humor, aber grenzenlos naiv, Mister Zellophan nennt, weil man ja immer nur durch ihn hindurch sehen würde; ich hatte 1973 mit meinen Eltern die erste Reise nach Amerika gemacht und dort die legendäre Inszenierung von Bob Fosse gesehen. Wie konnte ich ahnen, dass ich dreißig Jahre später selbst »Mister Zellophan« spielen würde; den Mann, dem seine Frau ein Kind in den Bauch redet; wie konnte ich ahnen, dass ich zu diesem Zeitpunkt spät, aber glücklich, einer Französin ein Kind in ihren Bauch zaubern würde?

»Chicago« wurde also mein Schicksalsmusical.

Zur letzten Vorstellung dieser Produktion habe ich eine kleine Rede gehalten. Eine Überraschungsrede. Als der letzte Vorhang im Baseler Musicaltheater gefallen war, bat ich alle, noch einen Moment auf der Bühne zu bleiben; ich schätze, es waren, wenn man noch die Jazzband dazurechnet, sechzig Personen, vom Tänzer bis zum Hauptdarsteller, von der dazugeeilten Putzfrau bis zum irritierten Dirigenten. So standen sie nun alle um mich herum, nein, um uns herum. Ich hielt die Hand von Ismène ganz fest, denn in letzter Sekunde hatte die sehr scheue Französin unsere kleine Verabredung vor großem Ensemble doch noch auflösen wollen. »Sag es lieber nicht«, hatte sie mir zugeflüstert. Zu spät. Ich wollte es sagen. Nun musste es heraus. »Liebe Freunde und Freundinnen, ein kluger Mann hat einmal gesagt: Kunst muss ein Geheimnis haben, sonst ist es Kunstgewerbe. Und ich glaube, dieser kluge Mann – war ich!« (Lacher.) Mit diesem kleinen Lacher habe ich gerechnet. Gewiss, er hätte größer ausfallen können, vielleicht muss ich an dieser auch nicht mehr ganz neuen Pointe noch ein bisschen arbeiten. Aber an dem nun folgenden dramaturgischen Höhepunkt möchte ich nicht mehr lange herumfummeln, weil die Geschichte einfach nicht zu überbieten ist. »Ihr seht hier schon die ganze Zeit Ismène an meiner Seite, die mich, wie ihr ebenfalls seht, völlig erfolglos von dieser Rede abhalten möchte. »Ismène«, (nun wandte ich mich an die Französin) – »es ist zu spät. Leider ist es aber noch zu früh, um euch heute Abend sagen zu können ... (nun legte ich die Hand auf ihren Bauch), ob es ein Junge oder ein Mädchen wird.« Ein Raunen ging durch unser Ensemble, das sich in einen Applaus verwandelte, den ich ganz kurz mit meinen Armen abwürgen konnte, um die zwei entscheidenden Sätze in den Bühnenraum zu rufen, als wäre ich immer noch »Mister Zellophan«; aber ich war nicht mehr ganz präzise im Text: »Ich bin der Vater! Ich bin der Vater!« Das hatte einen nicht mehr zu bremsenden Jubel zur Folge. Drei volle jazzige Akkorde stiegen gen Bühnenhimmel und eine Menschentraube kam näher und näher auf uns zu und bedeckte uns mit Küssen. Ein Meer von Händen liebkoste uns, und ein Klangteppich, gewebt aus vielen schönen Worten mit französischem, englischem, deutschem, tschechischem und amerikanischem Akzent ließ uns schweben wie Familie Aladin mit Wunderlampe.

60 Jahre und ein bisschen schwanger

Den Erkenntnissen internationaler Seelenforscher zufolge, verändert die Vaterschaft bei Männern sowohl psychisch als auch physisch mehr als es die Männer wahrhaben wollen; auch nicht immer wahrnehmen können, was doch aber ganz offensichtlich ist: das Anschwellen eines Männerbauchs muss nicht nur in Zusammenhang mit allzu großem Alkoholkonsum in Verbindung gebracht werden. Es ist demoskopisch erwiesen, dass einige Männer während der Schwangerschaft ihrer Frauen bis zu zwanzig Kilo zunehmen. Das kann man positiv auslegen oder mal wieder mit einem Kreislerchanson negativieren: »Als wir noch dünner waren, standen wir uns näher.«

Nun wieder zurück zu der Zeit, als Kolja noch gar nicht richtig auf der Welt, dafür aber auf dem Weg zu unserem heruntergekommenen Erdknödel war. Ein weiter Weg durch's Universum. Bekanntlich herrscht da keine Atmosphäre. Deshalb wollen unsere Kinder da auch weg. Und plötzlich liegen sie dann in der Luft! Sie suchen sich ihre Eltern aus! Stammt nicht von mir, diese These, aber gute Gedanken sollte man einfach so stehen lassen. Allerdings sollte man sie nicht klauen und als Geistesblitze eigener Gehirnproduktionen verwenden. Was nun den kleinen Kolja auf dem Weg in den Bauch zur Mutter angeht, bleibe ich dabei: auch ich war ein wenig schwanger geworden. In Kilos kann ich das nicht mehr sagen. Aber hier werden Körper und Gefühl eins. Und wenn wir dann dicker werden, wir schwangeren Eltern, kommen wir uns sogar manchmal wieder näher. Wir überwinden die Täler unserer Seelentiefs und schlafen Bauch an Bauch glücklich unseren Kindern entgegen. Hiermit bestätigt sich die ansonsten bescheuerte Schlagerzeile von Ralph Siegels Friedensgedudel aus den Achzigern: »Ein bisschen Frieden«. Das mit dem »bisschen Frieden« hat ja noch nie geklappt. Aber ein bisschen schwanger – darüber lässt sich reden. Zumindest mit mir. Ich bin ein femininer Mann.

Als ich Vater wurde, war ich neunundvierzig. Diese Bücher vom »Mitatmen« bei der Geburt, dieses ganze Aktivwerden, um bloß nicht nur das Händchen der Mutter zu halten als passiver Geburtsstatist, das alles brachte mich der werdenden Mutter in allem viel näher ... so glaubte ich das zumindest. Damals. Und doch war ich an dem entscheidenden Tag weit entfernt vom Geschehen. Ich musste leider draußen bleiben. Wie das Hündchen vor'm Fleischergeschäft. Was war geschehen? Die an sich in dieser Klinik als routinemäßig angesehene Spritze, um die Wehen einzuleiten, verfehlte ihren Zweck. Die Wehen wollten sich bei Ismène partout nicht einstellen. Die Schmerzen wurden immer schlimmer und Kolja blieb, wo er war. Ein Kaiserschnitt unter Narkose war unvermeidlich. Sämtliche guten Ratschläge aus Sachbüchern für mehr oder weniger schwangere Väter verloren an diesem Tag ihren Sinn. Sie müssen sich das mal so vorstellen ...

Alter Vater am Rande des Nervenzusammenbruchs

Nach meiner Kopfgeburt in Kassel trug eine Frau genau dreieinhalb Jahre später in München den Sohn für mich aus: Ismène. Die Wehen einleitende Spritze, bei deren Namensnennung ich schon bei den ersten Silben am Ende mit meinem Latein war, leitete nur eins ein: Noch mehr Schmerzen. Kolja wollte und wollte nicht kommen, die Spritze leitete nichts ein, was die Geburt erleichtert hätte. Alle guten Ratschläge der medizinischen Bücher waren vergessen und die Kurse für richtiges Atmen, Pressen und was der Mann dabei zu tun oder zu lassen hat – ein Schwarzfilm.

Natürlich, die vielen psychologischen Ratschläge, die Hand zu halten, ein liebes Wort zu sagen, als Vater mitzupressen, der Frau beizustehen, während sie da hilflos ins kalte Neonlicht schaut, das hatte ich natürlich alles gelesen und so gut es ging verinnerlicht. Aber auf einmal ist alles ganz anders, sie rollen die Partnerin, der du doch die Hand halten wolltest, die schwitzende Stirn abzutupfen vorhattest, einfach hinaus. Zumindest bei uns war das so.

Ich stand vor dem Lift, der meine Liebste verschlang. Irgendeine Stimme sagte zu mir: »Nun setzen Sie sich erst mal auf die Bank.« Dann kam eine bayrisch sprechende Klinikschwester, circa vierzig Jahre alt. Sie streichelte mir die Hand und sagte: »Des wird scho. Mir ham heut drei Kaiserschnitte – alle gleichzeitig. Des bringt uns ganz schön auf Trapp. Aber des pack ma scho ...« Doktor-Mabuse-Stimmung gestoppt.

Die Wirklichkeit hatte mich bald wieder. Und die war wirklich schlimmer als ein paar Horrorfetzen in meinem Kintopp-Hirn.

Ich hatte leider ein paar Stunden zuvor einen grauenhaften Blick in den Innenhof der Klinik getan. Eigentlich wollte ich nur kurz innehalten. Der schöne frühherbstliche Park dieser Klinik lud die überreizten Augen dazu ein. Ismène hatte ihre Augen geschlossen und mit einer Art Halbschlaf für ein paar Minuten keine Schmerzen gehabt; da erblickte ich unten einen kleinen weißen Lieferwagen. Als sich die hinteren zwei Türen öffneten und der Fahrer, der dies tat, kurz verschwand, trugen zwei andere Männer einen Zinnsarg in Säuglingsgröße zur Ladefläche, und ich dachte ... wenn das jetzt aber ...?!

Kolja lebt!

Der Fahrstuhl der Entbindungsklinik hatte sein Stahlmaul endlich geöffnet. Und ich, der Ausgestoßene, der hilflose neue Vater, stand, so alt wie ich war, wie ein Pennäler da. Eine freundliche Schwester sagte: »Da ist er.« Schon lag das schreiende Stückchen Fleisch in meinen Händen, die ich zu einer Schale geformt hatte. Nichts von dem, worauf mich Bücher, Bilder und Filme programmiert hatten, war eingetroffen. Mit dem tatsächlich eingetroffenen Kolja jedoch entstand bei mir auch ein Vakuum. Die Freude, den Säugling in den Händen zu halten, wurde dadurch blockiert. Eine Blockade der Angst um Isméne. Natürlich war ich beruhigt, das Kind gesund und mit allen Gliedmaßen versehen in Sicherheit zu wissen. Aber so hart es klingt: Was war dieses schreiende, stark behaarte Etwas gegen die Frau, deren Schreie ich nicht hören durfte, als der Kleine gekommen war; die ich nicht beruhigen und schließlich umarmen und küssen durfte – bevor ich mich der Vaterfreude hingab und mir klar werden sollte: Das ist dein Sohn. »Geht es der Mutter gut? Ist sie wohlauf?« Die Frage positiv beantwortet zu bekommen, beunruhigte mich. Solange ich sie nicht selbst sah, war alles Lüge. Eine schreiende Lüge! Wie dieses Kind vielleicht? Ist das wirklich meins? Es gibt auch vertauschte Babys. Schließlich sind wir alle von den Medien verdorben. Die Erhabenheit des ersten Moments, wenn der Vater den Säugling an seine nackte Brust nimmt. Ein ganz entscheidender Moment, hatten Isméne und ich aus verschiedenen Babyratgebern erfahren; wo war dieser Moment? Dahin. Verschenkt! Ich hatte meinen Pullover an, schließlich konnte ich mich nicht mitten auf dem zugigen

Flur ausziehen. Und das Kind? Komplett verpackt war es! Hautkontakt?! Ein ganz entscheidender Moment zwischen Vater und Sohn – vertan. Betrug!

Freundlich, aber bestimmt bat mich eine weiß blondierte Hebamme mit Doris-Day-Frisur, nun doch bitte in den hinteren Räumen Platz zu nehmen. »Ich weiß, ich weiß, Sie haben noch drei Kaiserschnitte vor sich«, unterbrach ich sie, im Ton eher nervös und dabei dieses schreiende fremde Etwas mit steifen Armen von meinem Körper forthaltend. »Nee, jetzt sind's nur noch zwee«, sagte die Hebamme in einem mich überraschenden urberlinischen Ton, »oder globn Se, der kleene Mister Spock«, und dabei guckte sie verschmitzt auf die, zugegeben, ziemlich großen Ohren von Kolja, »is aus 'ner Untertasse jefalln und hat sich dem Vatta einfach an die Brust jebeamt?« Da ich nicht lachte, übernahm sie das für mich. Nun pfiff die falsche Doris Day völlig korrekt das Thema aus »Raumschiff Enterprise« und lief neuem Leben entgegen. Hebamme eben. Mein Humor war auf einem anderen Planeten. Ich kam mir irgendwie verbannt vor, total isoliert in dem mir angewiesenen Raum, den ich Stunden zuvor als Folterkammer erlebt hatte. Auch wenn es die Helfer in den grünen Kitteln mit ihrer Periduralanästhesie sicherlich gut gemeint hatten. Und zwar so gut, dass sie dreimal versuchten, die Spritze ins Fleisch der armen Ismène zu rammen. Das Schreien und Weinen meiner sonst so widerstandsfähigen Französin hatte ich noch im Ohr, vermischt mit dem auch nicht zu verachtenden Geschrei jenes kleinen Pakets, das ich ja nun zu tagen hatte. Schließlich: Ich bin der Vater, ich bin der Vater! Aber hier gab es keinen Lacher! Keinen Applaus! Und die einzigen Spots, die hier angingen, waren die auf werdende Mütter von oben abstrahlenden Operationslichtpaletten. Ismène hatte die Prozedur hinter sich. Aber was hatte sie vor? Wo war sie? Und wer war ich? Ein »Niemand« mit einem gewissen »Etwas« am Hals. Ein Vater unter vielen. Niemand kümmerte sich um uns. Mister

Amos Hart war eine abgelegte Theaterfigur. Tausende von Menschen hatten mir zugehört, wie ich mich darüber beklagt hatte, von der Welt nicht registriert zu werden. Eine wunderbare Rolle. Hier aber, in der Münchner Frauenklinik, abgeschoben in einen der wenigen noch leeren Räume, denn es war ja Hochbetrieb – kämpfte ich mit meiner Vaterrolle. Rolle? Das hatten wir doch schon. Ich spiele nur für Geld! Für den Part allerdings, den ich hier »gab«, gab mir keiner etwas. Niemand interessierte sich für eine, sagen wir mal, leicht heruntergedrückte Hysterie eines überforderten Mannes, der einfach zu viele Hitchcock- und Polansky-Filme gesehen hatte. Irgendwo in einem dieser Räume glaubte er an eine nicht mehr lebende oder nicht mehr lang lebende Ismène. Doktor Mabuse hatte Sprechstunde. Der Rest war Schweigen. Während die Männer in den grünen Kitteln gut getarnt mit diesem grinsenden Grünwalder Biedermannlächeln schon wieder irgendwo in der Villa Mütter quälten. War da etwa ein Vorwurf auf meinem Gesicht, als ich das Erlahmen meiner Arme mit Recht diesem acht Pfund schweren Jungen in die nicht vorhandenen Schuhe schob und in Wirklichkeit meinte: Er hat sie geschafft! Meine Ismène. Gewiss, ich übertreibe jetzt, denn schließlich wollen Sie sich ja bei der Lektüre gut unterhalten. Aber der Kern des Pudels war doch der: Alle waren gegen mich. Sogar Kolja, den ich immerhin mit seinem persönlichen Namen ansprach, schrie umso lauter. Mein eigener Sohn! Da ich nach 20 Minuten Aufenthalt in dem Raum immer noch keine Nachricht hatte, wie es Ismène ging, öffnete ich die Tür ganz vorsichtig und sah in einen gut ausgeleuchteten Entbindungssaal, denn die Schiebetüren dieses Saals waren nach links und rechts weit geöffnet. Ich hatte den Eindruck, einer medizinischen Soap-Opera beizuwohnen. Das komplette Team war bei der Arbeit. Und ich durfte zuschauen. Life is Life. Das Ärzteteam, mit Schwestern, also auch mit dem Breitbeinigkeit erzwingenden »Folterstuhl«, kurz, mit allem Drum und Dran, das wir geschulten

TV-Hospitalisten voll verkabelt verinnerlicht haben. Ein komplettes Ärzteteam stand um eine gebärende Mutter herum; es musste wohl ein sehr entscheidender Moment gewesen sein, denn man sprach leise, die Stimmung war nervös, dennoch gaben beide geöffneten Türen diesen Blick frei – ins Intimste einer Frau. Und ich fragte dort tatsächlich völlig hilflos in die maskierte Runde: »Entschuldigen Sie, halte ich ihn auch richtig?« – »Sie halten ihn ausgezeichnet. Wirklich ausgezeichnet«, sagte ein Arzt und hob seinen Gummidaumen nach oben. Wahrscheinlich handelte es sich hier um den Chefarzt, denn dieses positive Zeichen hat ein allgemeines Nicken der um ihn herumstehenden maskierten Haubenträger zur Folge. Kreidebleich steh ich da, während mein Sohn rot anläuft. Als mir der bebrillte Gynäkologe das Kompliment für meine Vaterhaltung gemacht hat, stand er zwischen zwei geöffneten Frauenschenkeln. Cut. Das Leben ist manchmal nicht sendefähig. Und schieben Sie meine Verhaltensweise nicht auf den Umstand: Alte Väter schaffen es in jeder Altersgruppe zur lächerlichen Figur!

Blick zurück: Alte Väter

Aus heutiger Sicht war ich mit meinen damals neunundvierzig Lenzen für die Vaterrolle schon nicht mehr als jung zu bezeichnen. Heute dagegen würde ich mit meinen sechzig Jahren einen Erste-Klasse-Großvater abgeben. Zunächst aber habe ich genug mit meiner grau melierten Vaterrolle zu tun. Mir bleibt gar nichts anderes übrig, als mich jung zu fühlen. Schließlich und endlich lebe ich in Prenzlauer Berg; also mehr endlich. Da muss man sich schon was einfallen lassen, um durchzukommen. Allein die Rallyes mit den überteuerten, größenwahnsinnigen Kinderwagen jener berüchtigten Latte-macchiato-Mütter sind stinknormaler Alltag in diesem Bezirk. Und mittendrin: ein grauhaariger Herr. Icke! Viel zu exotisch mit meinem Grauhaarschopf im wohlhabenden Junge-Leute-Ghetto, stehe ich, statistisch und auch in der Realität, isoliert da. Also verlasse ich immer wieder gerne den gebärfreudigen Bezirk; ich fahre mit dem Rad durch das alte Reich der Mitte. (Bezirk Mitte – sehr reich.) »Go West, young man« – an diesen Slogan aus dem Wilden Westen halte ich mich immer wieder und fahre dann gar nicht mal so selten meinen Westberliner Vätern entgegen. Zwischen Charlottenburg und Wilmersdorf werde ich immer wieder fündig. Pfundskerle, diese alten Väter. Da leben sie alle noch, oder schon wieder, wenn sie den gehypten und teilweise verschandelten Jungbrunnen Prenzlberg nicht mehr ertragen können. Da treffe ich sie, die alten Väter: zum Beispiel Hans-Peter Wodarz, jenen 65-jährigen Starkoch und Varieté-Chef vom Palazzo, Gerhard Kämpfe, den Direktor des gigantischen Musikfestivals auf dem Berliner Gendarmenmarkt; oder Immobilienberater und

-verwalter Peter Nagel, meinen alten Schulfreund. Sie, ich und viele andere meiner Generation spielen keine späte Vaterrolle – wir leben sie! Mit Stolz und Elan können Sie uns erleben – wir alle sind, ob Ost oder West, old daddies at its best! Eigenlob stinkt? Mag sein. Aber wenn die anderen für uns zu schnell nur ein mildes Lächeln haben, müssen wir aggressiv zurücklachen! Na gut, streichen wir das Wort »aggressiv« und ersetzen es mit dem hübschen Begriff »aktiv«. Wir sind aktive, lächelnde Väter.

Mein Vater kämpfte für Gleichheit. Dieses Themas haben sich C&A, H&M und noch ein paar Trusts längst angenommen. Wenn morgen Revolution ist, lassen sich unsere wilden Kerle dort erst noch die passenden Klamotten verpassen. Die Mädchen bleiben zu Haus. Ich hab gut aufgepasst als wacher, alter Herr; habe die Grundstimmung aus den neuen deutschen Popsongs zur Kenntnis genommen: ER geht noch schnell die Welt retten, und SIE soll schon mal das Essen vorbereiten. Präpotenz und Sentimentalität mit der Inhaltsschwere von Siebzigjährigen.

Weshalb empfinde ich uns alte Väter zwischen all diesen Jungdynamopapas wenn auch nicht als die besseren, so manchmal als die humorvolleren und angenehmeren Lebensbegleiter unserer Kinder? Ganz einfach: weil wir nichts gegen Sport haben, Technik durchaus nutzen, diese Gebiete aber nicht als Lebenselixier und Mittelpunkt unseres Daseins auffassen. Wir lesen unseren Kindern noch vor. Dazu neigen in dieser Republik, laut Statistik, selten junge Väter, sondern eher junge Mütter. Es ist also die junge Mutter in uns, die das Altvaterprinzip ein wenig veredelt. Das alles hat nichts mit Hugh Hefner zu tun, der mit fünfundachtzig Jahren noch einmal geheiratet hat. Ich weiß, das ist längst eine Schlagzeile von gestern. Aber er steht auch morgen stellvertretend für einen ganz bestimmten Typus von Mann. So ein alter Gockel, der in seinem ganzen Leben nur Hasen produziert hat, kann natürlich auch auf seine alten Tage nicht in die Gilde der älteren Edelpapas aufgenommen werden. Wir sind da sehr eigen. Sonst denkt man vielleicht noch: der Richter schreibt ein Buch über Familienplanung für Siebzigjährige aufwärts! Das finde ich nicht so geil. Ich benutze dieses Wort ganz selten. Da der Begriff ja ursprünglich aus der mittelalterlichen Sprache der Bauern das »Geilen« von Obstbäumen biologisch benennt, fand ich es ausnahmsweise passend. Alte Väter sind also nicht geil. Sie geilen nicht, und wenn sie es tun, sind sie eher eitle Lüstlinge, die einfach nicht zur Kenntnis nehmen wollen, dass der Sensenmann schon seine Steppschuhe anhat. Aber denken Sie an Fred Astaire … Der Mann hat noch Michael Jackson ein paar Tipps gegeben. Und da war der alte Herr bereits über achtzig.

Der schönste Tag in meinem Leben

Fünf Monate bist du jetzt alt, liegst in der goldenen Sonne von Mecklenburg und schläfst in unserem großen Garten hinter unserem kleinen Häuschen. Sei einfach nur da, mein Sohn, und werde. Schließlich: da – bist du ja schon. Mal sehn, was aus deinem Da-Sein wird. Der Mensch ist nur eine Skizze. Gott beugt sich über uns, den Rest müssen wir machen. Wenn du, später einmal, diese Welt, wie ich hoffe, sehr spät und sehr weise, wieder verlässt, hast du vielleicht ein bis zwei Talente genutzt. Natürlich hast du Hunderte von Talenten. Aber mehr ist nicht möglich, mehr ist einfach nicht drin, in einem einzigen Leben.

Nun lieg du mal in der Sonne und weiß erst mal gar nichts. Ich bin ja da, dein Vater, musst du wissen. Nein, musst du nicht. Wenn es um Wissen geht, lies doch später einfach die Griechen; die alten Väter Europas werden dich beschützen, wenn du dich durch diese verblödete Welt wurschtelst.

Momentan bin ich allerdings mehr damit beschäftigt, die Bienen und Wespen von dir fernzuhalten, mein Sohn. Und unter Umgehung von Buddha, der doch tatsächlich der Meinung ist, dass auch das letzte kleine Lebewesen den höheren Sinn des Lebens verkörpert, werde ich dennoch jedes dieser Viecher erschlagen. In einer Grausamkeit, als sei ich König Laios; der unvernünftige Vater, der nicht auf das Orakel von Delphi hören wollte und gegen den Willen der Götter einen Sohn zeugte; dann aber ließ er ihn von einem Diener aussetzen. Aber Gott sei Dank bin ich nicht Laios, nur ein glücklicher Vater, der sein Kind vor Insekten schützen will. Auch auf gewaltsame Weise, auch auf die Gefahr hin, das siebente oder achte

Leben eines blutrünstigen Tyrannen durch den Mord einer Wespe zu erschlagen. Denn nach Buddhas Lehre müssen die Unreinen niederste Lebensstufen erklimmen, bis sie die höchste Stufe auf der Treppe der Weisheit erreicht haben und ... endlich im Nirwana sich umsehen und als Höhepunkt feststellen dürfen: Endlich nichts los hier!

Vielleicht lasse ich also gerade zu, dass Hitler oder Stalin auf der Nase meines Sohnes über seine Fehler nachsummt. Summa summarum wolllte ich gerade feststellen, dass das der schönste Tag in meinem Leben ist, da setzt sich doch tatsächlich eine Wespe auf die Nase meines Sohnes, gefährdet auf diese Weise meine Ode an den sensationslosen Tag. Oh Himmel, wenn ich jetzt nicht zuschlage, dann nicht aus Weisheit oder Respekt vor Buddha, sondern einfach, weil der Stachel auf der Nase von Kolja für ein fünf Monate altes Baby lebensbedrohlich sein kann. Hab ich mal gelesen. Also werd' ich abwarten. Man muss abwarten können ...

Die Wespe ließ ab von Kolja und flog davon.

Tschüss, Hitler, Mussolini oder wer auch immer da eventuell davonflog. Ich sah in den Himmel von Mecklenburg, dann wieder auf Kolja, den zu bewachen ich mir vorgenommen habe; weit über diesen Nachmittag hinaus; da öffnete er die Augen und lächelte. Mit einem Blau, von dem ich immer wieder hörte, dass sich das noch ändern könne; alle Babys haben blaue Augen ... Zunächst. Ich aber wusste: der Himmel verspricht blau zu bleiben und bleibt es nicht, du aber, mein himmlischer Scheißer, wirst dein Blau mit einem leichten Grünstich – ganz die Mama – und ganz im Sinne von Papa – in die Welt tragen; und nicht immer ein Lächeln ernten. Aber von mir! Bis wir uns aus den Augen verlieren werden, mein Sohn. Aber nie aus dem Blick. Denn ich werde da sein. Immer. Ich wollte in den Himmel schauen, aber meinen Blick ins Blaue verwehrte mir ein Baum. Ein uralter Nussbaum. Seine ausladenden grünen Arme legten sich schützend über uns; über Kolja und mich: als ein überraschender Sommerregen die Erde erfrischte.

Ich hielt dich auf dem Arm; und als sich der Regen gelegt hatte, habe ich dir die ersten Tiere deines Lebens gezeigt: eine Kuh, ein Pferd und ein paar Schafe. Du hast geschmunzelt, als ob nicht ich dir die Tiere hätte zeigen wollen, sondern du mir. Da war so ein Ausdruck wie: Was sagst du nun? Aber dir fehlten die Worte. Mir auch. Vielleicht hattest du aber auch alles schon einmal gesehen. Früher. Vorher. Eine Wespe kam angeflogen. Geht das schon wieder los?, dachte ich; schützend legte ich meine Hand über dein kleines Gesicht. Da spürte ich, dass die Wespe sich auf meinen Kopf gesetzt hatte. Ich schüttelte kurz mein Haupt, obwohl man das ja nicht tun soll bei Insekten, ich weiß, ich weiß. Ich hatte Gottvertrauen. Kolja lächelte, ich auch, vielleicht war es ja auch eine ganz andere Wespe als die von vorhin. So oder so – flog sie davon. Mit oder ohne Schuld beladen zwischen ihren kleinen Flügeln. Vielleicht hat Hitler endlich kapiert, worum es geht?, dachte ich. Oder es war, wie gesagt, keine Wespe mit Vorgeschichte. Also keine mit Schnurrbart. Jeder hat mal klein angefangen. Und man steckt ja nicht drin. Jedenfalls war dies der schönste Tag in meinem Leben, denn ich wollte nirgends woanders sein als hier, in diesem Moment, nirgends woanders, als unter diesem Nussbaum mit meinem Sohn.

Später las ich bei Jean Paul, dem Alternativ-Goethe jener Zeit des Geheimrats: »Wenn man beim Stiche der Biene oder des Schicksals nicht stille hält, so reißet der Stachel ab und bleibt zurück.« Und an anderer Stelle: »Einen traurigen Mann erdulde ich, aber kein trauriges Kind. Mit einer Kindheit voll Liebe aber kann man ein halbes Leben hindurch für die kalte Welt haushalten.« Finden Sie nicht auch – etwas von Jean Paul schreiben, kann ich?! Außerdem wissen Sie ja von dem Literaturverbot, das mir meine Literaturagentin für dieses Buch ausgesprochen hatte. Also mache ich das Beste draus für meinen Bestseller. Ab und zu schieb ich alles auf die besten Dichter. Nehmen Sie nur mal Jean Paul. Eigentlich hieß er Richter.

Endlichkeit als Schlusskapitel

Wie ist es bitte mit dem Ende? Und vor allem mit der Endlichkeit? In einem Buch, das von Anfang bis Ende anderen (und damit mir) Mut machen möchte, das Altern nicht als eine Krankheit zu behandeln; selbst wenn sich im Laufe der Jahrzehnte Krankheiten einstellen, bleibt der biologische Prozess dennoch ein sehr persönlicher Akt unserer Biographie. Es muss ja nicht der letzte Akt gewesen sein. Und wenn dem so ist, bedenken Sie: Es gibt sehr lange letzte Akte. Ich hätte da ein paar Beispiele parat, aber meine Literaturagentin hatte mir gleich nach Vertragsunterzeichnung bei diesem Verlag striktes Literaturverbot erteilt. Ich habe mich so gut daran gehalten, wie's geht. Man wird ja noch mal zitieren dürfen!?

Was nun folgt, ist allerdings ein kleines Protokoll meines verzweifelten Hilferufs an die Agentin über meine Unfähigkeit, ein Abschlusskapitel zu schreiben. Ich wartete nun also in dem kleinen Café auf die Lady zum Tea for two. Ohne Musik. Ich hasse Musik. Als Berieselung, meine ich. Also hatte ich die Kellnerin schon vorab für meine erste Lesung im Literaturhaus um die Ecke eingeladen. Für ein Buch, das noch gar nicht fertig war. Ich hasse Abschlusskapitel. Noch mehr als Musikberieselung. Die fiel ja nun flach, denn die blonde Vorstadt-Bardot mit dem Schmollmund hatte die Musik für mich ausgemacht. »Ne jlatte Ausnahme«, sagte sie, die ich nur heimlich »Bardot« nannte, weil sie mit Sicherheit gar nicht wusste, wer die Dame war; jene längst entschärfte Sexbombe Frankreichs. Geht auch schon auf die achtzig zu. Man kann nicht immer sechzig sein. »Ick steh nich uff Literatur«, sagte die Kellnerin. Das traf sich gut.

Meine Agentin auch nicht. Also nicht von mir zumindest. Hat lauter Literaten an der Hand, aber bei mir reicht's nur zum Sachbuch. Sie kam, sah und sagte: »Ist ja so still hier.« Eine Provokation. Sie weiß, dass ich das nicht mag: Musikberieselung. »Was macht das Schlusskapitel?«, fragte sie ungehörigerweise in einem überfreundlichen Ton. Wie konnte sie fragen? Sie wusste doch Bescheid. Schreibstau. Dennoch spielte ich das Spiel mit und sagte wie über einen kranken Patienten: »Mein Schlusskapitel? Danke der Nachfrage, es geht ihm sehr schlecht.« – »Schön!«, sagte sie, als wenn das was Gutes wäre. Um dann, wie es sich für eine gute Arztserie gehört, zu fragen: »Was haben wir denn?« Sie hatte auf jeden Fall sehr schöne Beine. Hat sie immer noch. Intelligente Beine. Musikalische Knie. Ich habe da so meine Theorie, wissen Sie. Jedenfalls hatte ich kein Schlusskapitel. »Können Sie das nicht für mich schreiben?«, scherzte ich verzweifelt. Sie lächelte, zurückhaltend im Stil wie ihr Jil-Sander-Kostüm. »Ich lasse lieber schreiben.« – »Ja, ja«, sagte ich, stillen Neid unterdrückend, »... und die einen schreiben Romane und die andern leben sie.« – »Seien Sie froh, wenn ich mir meine Klientel männlicher Literaten betrachte – da würde mancher gern auch mal das erleben, was er so schreibt.« – »Na prima. Sie haben ja so recht. Mein Leben ist ein Roman, Gott sei Dank unveröffentlicht, aber Sie wollen von mir ein Sachbuch.« – »Richtig. Immerhin mit autobiographischem Einschlag. Hat es Ihnen nicht ein bisschen Freude gemacht, über Ihre späte Vaterschaft zu berichten oder über Ups and Downs Ihrer schillernden Karriere? Und nun blicken Sie eben gefälligst nicht mehr länger auf meine Knie und kommen zur Quintessenz Ihrer sechzig Jahre.« Sie hatte mich erwischt. »Sie müssen verzeihen, gnädige Frau, aber zu Ihren musikalischen Knien fällt mir weitaus mehr ein, als meinem Ratgeber »Menschen 60plus« ein großes Finale zu bieten. Vor allen Dingen müsste ich doch dem Leser, besonders dem männlichen, etwas Positives mit auf den Weg geben. Ihm die Sorge vor dem letzten Kapitel nehmen. Seinem letzten Kapitel! Meine Agentin nippte am Tee: »Keine Sorge, das Alter hat irgendwann ein Ende!«, hat mal ein der Eile nicht so schnell Verfallener gesagt. Und der hieß ausgerechnet »Eilers; überhaupt – was wollen Sie? Da hatten wir zum Beispiel Ihre ganz hübschen Beschreibungen über die zu jungen Frauen mit den viel zu alten Männern. Ich sag Ihnen was: »Das wird dem Verlag gefallen. Der Markt ist dafür ganz offen. Im Moment. Für alte Männer mit jungen Frauen.« Ich nickte. »Richtig. Ewiges Thema. Gerade wieder Saison.« – »Ja, ja ... Versuchung im vorgerückten Alter ist wie ein Dudelsack ohne Luft!« – »Schreiben Sie das auf«, sagte die Literaturagentin. »Think positive!« – Ich war verblüfft. Das hieße ja »Kästner – leicht gekürzt«. Sie winkte ab. »Nennen Sie es, wie Sie wollen. Ich bin schon froh, wenn Sie auf den letzten vierzig Seiten Ihre Gedanken als Sechzigjähriger nicht laufend mit diesem Tucholsky unterfüttern würden; einem Mann, der, wie wir alle wissen, die sechzig nie erreicht hat; also völlig am Markt vorbei. Und diese kleine, deprimierende Zeichnung von ihm, Sie wissen schon, die mit den drei Stufen ...« – »Ja, kenn ich: *sprechen – schreiben – schweigen* – steht unter den Stufen.« – »Eben«, sagte sie, das ist auch nicht gerade die typische Treppe für Autoren.« – »Oh doch. Sehr typisch. Sie steht dafür, dass es eher oft hinunter geht und nicht hinauf.« Die Agentin stellte beleidigt das Tässchen auf den Teller. Nun strich sie sich die rötliche Strähne, die ihr rechtes Auge eben noch so reizvoll verdeckt hatte, aus dem Gesicht; zwei hellwache Pupillen nahmen mich ins Visier: »Hören Sie! Sie haben das Problem mit dem Altersunterschied zwischen alten Männern und jungen Frauen charmant umrissen, das ist okay. Das Thema ältere Damen mit jungen Männern kam auch zur Sprache. In Ordnung. Die alten Väter mit jungen Söhnen mochte ich auch. Nun fassen Sie doch einfach mal als großes Finale ...« (Sie guckte verklärt auf meinen unberührten Liebesknochen) »... über das Altern, ›die große letzte Liebe unter Witwern‹ ins Auge. Witwen inklusive. Späte Liebe rostet nicht.« – »Stimmt nur zum Teil, denn: er rostet, und sie altert zusehends.« – »Sie haben mir nicht zugehört.« Nun stach sie mit ihrer Gabel in meinen Liebesknochen. Und ein Hauch von distinguierter Lady schmolz dahin. »Wir reden nicht von Anna und Ihnen und Ihrem Recht auf Frischfleisch«, ich unterbrach sie empört: »Das geht zu weit! Ich würde Anna auch lieben, wenn sie vierzig wäre.« – »Wie großzügig«, sagte sie, »sie kann eben noch nicht sechzig sein, aber Sie haben wenigstens Verständnis dafür.« Nun musste ich lachen. Sie auch. Das kostete mich die zweite Hälfte des Liebesknochens. »Noch mal: Das mit den ungleichen Paaren – altersmäßig – abgehakt. Das hatten wir schon. Was wir noch nicht haben, ist Erotik im Alter. Der Kassenknüller der letzten Jahre.« – »Alt bin ich selber!« – »Sie wiederholen sich! Das steht schon *mehrfach* in Ihrem Buch! Geben Sie doch mal den Senioren und deren intimem Leben eine Chance.« – »Mach ich«, sagte ich. »Ich will darüber nachdenken, wie ich es beginnen könnte. Vor allem, mit wem. Ich selbst bin ja kein gutes Beispiel. Mit Anna. Und ich habe nicht die Absicht, eine junge Frau, die ich liebe, zu verlassen, um mich auf die nächstbeste Seniorin zu schmeißen. Wegen der Authentizität.« Die Agentin wurde etwas ungeduldig. Mein Tellerchen war leer. Die kleine Bewegung mit ihrem Finger hatte zur Folge, dass die literaturscheue Kellnerin die Musikberieselung wieder anmachte. »Eigentlich wollte ich nur zahlen«, sagte sie. »Stattdessen haben wir jetzt Max Raabe im Lautsprecher.« – Unter den Klängen von »Küssen kann man nicht alleine« meinte sie beruhigend: »Aber eine Richtung haben wir jetzt: Sex in the city ab 60plus.« (Hinweis: Ich schreibe das »plus« hinter der sechzig prinzipiell voll aus, weil ich immer den Eindruck habe, dass das Kreuzchen hinter der Sechzig signalisieren könnte, dass wir 60er bereits gestorben sind.)

Die Agentin zahlte, was mir als Gentleman gegen den Strich ging. Wenigstens durfte ich ihr noch in den Mantel helfen. Alte Schule. Nicht ohne Egoismus. Man gibt der Dame den Vortritt und kann gleichzeitig dezent an ihren Beinen ablesen, ob sie musikalisch sind. Ich habe da so eine Theorie. Und da meine Literaturagentin auf Seite 218 bereits gegangen ist, erlaube ich mir auf Seite 219, hinter ihrem Rücken, Monsieur Ibrahim zu zitieren: »Deine Intelligenz steckt in deinem Fuß, und dein Fuß kann sehr tief denken!« Ein Zitat von Eric-Emmanuel Schmitt. Der Helmut Schmidt dürfte andere Kriterien über Körper und Geist angelegt haben. Hanseatisch-protestantisch! Helmut Schmidt ist eben der Hans Albers unter den Elder Statesmen. Mit einem Schuss Ironie à la Fellini, so in Richtung »Große Freiheit 8 ½«. Weil wir gerade mal wieder mit Zahlen herumspielen: falls Sie kurz vor'm Sechzigsten sind, geben Sie die Hoffnung nicht auf. Folgen Sie mir ins nächste Kapitel über ungleiche Paare und die zweite Chance. (Letzten Endes höre ich ja dann doch auf meine Agentin. Auch wenn sie mir Literatur verbietet.) Was Sie hier lesen, ist ja auf ihren Ratschlag hin von mir brav befolgt worden: eine Liebeserklärung an die Nicht-Braven! Jene Nonkonformisten, die ihren Lebensabend eher unter dem Motto beschreiben:

»Auch mit sechzig kann man noch vierzig sein ... Aber nur eine halbe Stunde am Tag.«

(Anthony Quinn)

Sex im Alter?

»Gern«, sagte der alte Herr. »Wenn sie jung ist!« Dann grinst er verschmitzt und setzt noch ein Altherrensahnehäubchen obendrauf: »Ich wünsche mir, mit hundertachtzehn Jahren von einer eifersüchtigen Achtzehnjährigen erstochen zu werden.« Ich hoffe, seine Frau wird nie von seinen Gelüsten erfahren. Nun ja, in dieser Geschichte ist ja verräterischerweise nicht mit einem Wort die Rede von seiner Frau. Natürlich nicht. Es geht um Sex im Alter. Männer kommen selten auf die Idee, ihre Ehefrauen in ihre Phantasien einzubeziehen. Sonst wären es ja keine, meinen sie. Frauen wünschen sich nach meinen Beobachtungen und Gesprächen immer eher etwas Erotisches als Sexuelles. Nicht erst im Alter! Aber im Alter ganz besonders.

Im Gegensatz zu vielen Männern bauen deren Frauen schon in jungen Jahren sozial viel festere Netzwerke auf – neben den familiären Aktivitäten –, sodass im Alter für sie das Loch nicht so tief ist, in das der pensionierte Mann fällt. Er fällt wie eine männlich zerknitterte Alice im Wunderland durch einen Zeittunnel und wundert sich, weshalb er am Ende so allein ist. Schon wieder allein. Mutti ist kegeln. Das ist ganz schön männlich von Mutti. Und wenn er sie »Mama« – und sie ihn »Papa« nennt …? Bekommt die Ehe dann etwas Kindliches oder eher Kindisches? Ich bin kein Ratgeber. Bin selber ratlos in der Frage. Gewiss, als Kind alter Eltern, meine Mutter war 43, als sie mich, und 46 als sie meine Schwester Janina bekam, waren die Rituale noch von zwei Weltkriegen geprägt und drei Regierungsformen: Kaiserzeit, Weimar und Nazizeit. Diese hatten Mutti und Vatti nicht lockerer gemacht – nur härter! Dass Frauen kegeln gehen, ist keine Männerkopie, aber das männliche Verhalten von Frauen als Gruppe ...

Abgesehen von den Vereinsmeiereien, die sie sich im Laufe der Zeit von Männern abgeschaut haben. Weibliche Kegelclubs sind berüchtigt und Frauenfahrradtouren mit ihrem lärmenden Stationmachen auf deutschen Gasthöfen gefürchtet. Kaum vom Damensattel gestiegen, steigen die Herrenwitze. Ich sag's ja immer: in jeder Dame schlummert tief im Innern auch ein Herrenstammtisch. Wenn man »Sex and the City« mal so richtig Folge für Folge verfolgt hat, kommt für mich nur eins heraus: tausend Jahre Sendezeit über Einsamkeit. Männer geben das nicht zu. Sexuelle Probleme – haben sie nicht. Was sich auf Herrentoiletten an intimen Geständnissen über das desolate oder gar ruhende Sexleben abspielt, ist gleich null null ...

Und ich kann das beurteilen: ich bin ja unfreiwillig Augenzeuge, wenn Männer, über Pissoirs gebeugt, sich auf ihr bestes Stück konzentrieren. Manchmal hat man direkt den Eindruck, sie möchten zu ihm sagen: »Du, wir müssen mal reden!« Bei Philip Roth redet er ja auch. Der Mann? Nein, »der kleine Freund«. Das ist dann hinreißend neurotisch und intellektuell amüsant. Aber sprechende Gliedmaßen gibt es natürlich auch im letzten, tiefsten Comic. Sie quatschen Bände. Die weibliche Phantasie tickt anders. »Kleine Möse, flieg nach Helgoland?« So eine Schmuddelversion von Hans Albers kann nur einem Mann einfallen. Andererseits ist das alles harmlos gegenüber den Zoten mancher Damen, die es lieben, keine zu sein. Was Frauen auf Damentoiletten an Erkenntnissen über sich und ihre Partner ablassen – möchten wir Männer gar nicht wissen. Und ein Witz wie jener von der Achtzehnjährigen und dem Hundertachtzehnjährigen ist zwar nicht ernst gemeint, aber in Überhöhung jedoch mit einer Wahrheit behaftet – einer männlichen. Die Wahrheit liegt ja oft in der Übertreibung. So wie im Wein. Die Römer wussten schon, warum sie sagten: »In vino veritas.« Ansonsten sind wir Männer veritable Verdränger. Trennungsgeschichten wickeln wir ganz anders ab als Frauen. Ich halte uns für glattweg wehleidiger. Selten finden Frauen so ohne Weiteres nach dem Tod des Partners einen Neuen! Aber es wird immer wieder gern versucht. Der Mann geht auch auf die Suche. Aber entweder ist er wehleidig und nichts ist gut genug für ihn, oder er ist auf der Jagd. Immer so ein bisschen auf der Jagd.

Meine kleine Schwester Janina wird siebenundfünfzig und heiratet. Zum ersten Mal in ihrem Leben. Ihr Zukünftiger heißt Rolf und ist einundsechzig. Sie haben sich nicht gesucht und doch gefunden.

Vielleicht gerade deshalb.

Noch ein seltsames Paar

Da ich mich nur strikt an den Tipp meiner Agentin halten wollte, über Paare zu schreiben, die eben nicht durch das erotische Band der Jugend miteinander verbandelt sind, fiel mir Ilse ein. Sie ist neunzig. Nein, ich habe nichts mit ihr; zumindest nicht sexuell. Mental jedoch gibt es für uns einen geltenden jüdischen Kalender. Nach dieser Zeitrechnung befinden wir uns also momentan, da ich diese Worte niederschreibe, im Jahre 5773. Und ich finde, das sieht man Ilse und mir wirklich nicht an. Jaja, die Gene.

Und nun zur Vorgeschichte unserer Beziehung. Ich hatte in Bad Neuenahr, einem Ort kindlicher Intermezzi, das Kurbad zu bespielen; als dreiundfünfzigjähriger Mann. Mit einem Theaterstück. Ich wollte partout an jenem spätherbstlichen Nachmittag irgendjemanden auf der Promenade treffen, der sich an Familie Richters Aufenthalte hier – vor über fünfzig Jahren – noch zurückerinnern konnte. Ich sage doch immer: Der Mensch ist ein sentimental zurückblickendes Tier. Auch ich! Sie haben mich voll erwischt. Das »Wunder« sollte geschehen. Welcher Fee auch immer (lassen wir Gott aus dem Spiel) ich das nun Folgende zu verdanken habe – unterstelle ich ihr zumindest einen seltsamen Humor. Hiermit entrolle ich den Erinnerungsteppich:

Eine rundliche, blau-weiß gefärbte Dame, knapp vor'm Achtzigsten, rief mir auf der Promenade zu: »Sie! Sie! Junger Mann ...« (das war schon mal sehr schmeichelhaft) »... haben Sie nicht immer mit Ihren Eltern Kaffee und Kuchen im Hotel Stern ...?« – »Nicht immer!«, unterbrach ich sie, schon jetzt ein bisschen glücklich. Und setzte fort: »Immer nur dann, wenn ein bisschen Geld da war.« Sie lächelte freundlich und verstand, näherte sich mir sehr langsam, und ich fragte: »Aber woher wissen Sie, dass wir ...« Nun unterbrach sie mich heiter. »Na, Herrjott noch mal, der Herr Rau hat doch mit mir regelmäßig gebechert, im Hotel Stern. Und Sie waren doch wohl mit ihm gut bekannt.« – »Onkel Eugen! Sie meinen Onkel Eugen. Natürlich.« – »Ja, genau den meine ich, aber für mich war das natürlich immer der Herr Rau.« Ich lud die Dame zum Fünf-Uhr-Tee ein. Hocherfreut über diese Fügung. Nach circa fünfzehn Minuten wusste ich mehr von Onkel Eugen als mir lieb war: »Mein Jott, der Herr Rau, was hat der nicht immer jeschimpft auf die Juden«, lachte sie und schüttelte dabei den Kopf – nicht wie jemand, der darüber entsetzt, sondern eher amüsiert war. »Ein verrückter Kerl«, sagte die behäbige blau-weiße Dame, »aber nett. Und schlucken konnte der wie ein Karpfen.« Der Vergleich war nicht schlecht. Ich hatte damals mit meinen knapp sechs Lenzen immer wieder staunend auf das ruckzuck bier-in-sich-hineinschüttende Karpfenmaul von Onkel Eugen geglotzt. Ich mochte ihn. Meine kleine Schwester auch. Und Mama duzte er. Und Papa guckte immer so komisch. Später verstand ich. Jetzt verstand ich noch mehr. Die gemütliche, alte Rheinländerin hatte mich mit ihren farbigen Schilderungen über den alten Nazi Rau so sehr erschüttert, weil Mutter später, als ich so um die zwanzig war, immer sagte: »Also, der Eugen war zwar 'n Nazi, aber kein Antisemit.« Und nun das! Dazu Klartext in einer bis heute nicht ganz klaren Angelegenheit: Dieser Nazi hatte Eva (also unserer Mutter) in den NS-Vierzigern versehentlich ein Baby in den Bauch fabriziert. Ein Triebsunfall zwischen einer blond gefärbten, auf arisch getrimmten Jüdin und einem ehemaligen Opernsänger mit ganz früher Parteimitgliedschaft in der NSDAP. Das hätte für Eugen bei Denunziation KZ bedeutet. »Blutschande«. Onkel Eugen ließ die schöne Eva sitzen. Unsere Mutter muss ihm das nach 1945 wohl verziehen haben; wie sonst hätte es zu den wöchentlichen Ausflügen von Köln nach Bad Neuenahr kommen können? Das war anno '59. Die gute Kurluft nach dem Kneipenmief einer ganzen Woche tat den Eltern am Sonntag gut. Kleiner Fluchtpunkt in die Rheinarische Kurzone. Was muss sich mein armer Vater, der erschöpfte Moorsoldat, nach zwei Fluchten aus dem KZ an diesen Sonntagen wohl gedacht haben? Sicherlich nicht, was ich jetzt als Gewissheit wusste: Nazi und Rassist und keinen Deut besser als Millionen andere, der Eugen Rau. Für meine Schwester und mich war Onkel Eugen damals der köpfchenstreichelnde Kinobesitzer. Von zwei Kinos sogar. Es regnete Freikarten. So ein Mann kann nicht ganz schlecht sein.

Jenes unfreiwillige Kind von Eugen und Eva starb nach einer in einem Krankenhaus irgendwo in Brandenburg durchgeführten Entbindung Monate später. Es starb an Unterernährung. Mutter hatte diese Geburt – mit einer falschen Identität – zunächst erfolgreich überstanden, beinahe hätte sie das dann aber selbst noch das Leben gekostet. Ihr Bluff mit einem ihr zugespielten provisorischen Ausweis, der sogenannten »Wanderpersonalkarte für ausgebombte Reichsdeutsche«, flog kurz danach auf. Mama floh. Erfolgreich. Sonst säße ich jetzt nicht hier.

Und so saß ich also nun beim Fünf-Uhr-Tee in Bad Neuenahr. Es war circa siebzehn Uhr dreißig; das weiß ich noch, denn ich dachte an die Theatervorstellung von »Monsieur Ibrahim«, die ich um zwanzig Uhr im Augustinum zu spielen hatte. Wie absurd: Alter Muslim rettet in diesem Stück von Eric-Emmanuel Schmitt einen kleinen Judenjungen vor sich selbst; und ich alter Judenjunge saß beim Fünf-Uhr-Tee und hörte über Mamas Hausnazi die üblichen Verdächtigungen. Auf rheinisch hören sich die größten Gemeinheiten ja immer noch so gemütlich an. Auf jiddisch übrigens auch. Meine Konversation mit der ahnungslosen, alten Rheinländerin versuchte ich auf das Höflichste mit einer Einladung in die Theatervorstellung abzukürzen. Sie hatte mir eher etwas von dieser Durchschnittlichkeit von Leuten vermittelt, die jene Tiraden von Onkel Eugen nicht verabscheuten, aber eben auch nicht verinnerlicht hatten. Die nette Dame nahm die Einladung an. Ich hatte keine Wut auf sie. Ich hatte Wut auf den toten Nazi. Mir war er in diesem Moment einfach nicht tot genug. Zu lebendig die Kindheitserinnerungen an ihn.

Ich ging durch die putzigen Gassen von Bad Neuenahr. »Der Dämon der Gemütlichkeit«[*] hatte mich erfasst. Ließ mich nicht los. Ich betrat, grad mal dreiundfünfzigjährig und schon wieder ein Stück gealtert, das Augustinum, um das Stück von Eric-Emmanuel Schmitt zu spielen. Da sah ich sie: klein, zierlich und mit einer weißen Mittelsträhne im akkuratfrisierten dunklen Haar. Wie eine Schwester von Buster Keaton. Wunderbar komisch in ihrer ganzen Erscheinung. Sonst war da niemand – in dieser Halle des Altersheims. Pardon, dieser Seniorenresidenz. Mit einer Rezeption und dem ganzen Interieur eines Hotels. Ein teurer Platz für den Lebensabend. Ich ging auf die Dame zu und fragte sie: »Entschuldigung, könnte es nicht sein, dass wir miteinander verwandt sind?« Sie sah mich erstaunt an. »Seit wann das denn?«, schon mit einem Ansatz von Witz in den Augen. »Na, so seit circa fünftausend Jahren, würde ich mal sagen ...« – »So, so, würden Sie!« Und während sie den Kopf verneinend schüttelte (was ich erst später als einen Ansatz von Parkinson zur Kenntnis nehmen sollte), sagte sie nur: »Könnt' schon sein.« Wir stellten uns gegenseitig vor. Der Name Rübsteck amüsierte mich, was ich mir aber nicht anmerken ließ. Überhaupt mehr damit beschäftigt, den bitteren Fünf-Uhr-Tee zu verdauen, spürte diese Frau Rübsteck wohl recht schnell, dass es mir irgendwie nicht gut ging.

Noch heute empfinde ich es als Geschenk (durch wen und wodurch auch immer), in einem Haus mit vierhundert mehr oder we-

---
[*] Zitat Hilde Spiel

niger christlichen Seelen der einzigen jüdischen begegnet zu sein. »Woher wollen Sie wissen, dass ich Jüdin bin?« Und ich verkniff mir die berlinische Redensart meines alten Papas, der jetzt frech, die Zigarette im linken Mundwinkel, gesagt hätte: »Aus Ihn'n mach ick zwei!« Frau Rübsteck war, wie ich es heute weiß, mit allem vertraut, was Menschen fähig sind, anderen Menschen anzutun; als einzige Überlebende einer recht wohlhabenden, kleinbürgerlichen Familie in Niederneukirch hat sie ihren Instinkt, wem man vertrauen kann und wem nicht, nicht eingebüßt. Das galt auch für die Begegnung zwischen uns in einer ganz undramatischen Situation. Meine leichte Tristesse muss sie wohl gespürt haben, als sie mädchenhaft mit ihrem leichten Kopfschüttler sagte: »Kommense. Isch hab zwar prinzipiell nach neunzehn Uhr Herrenbesuch nit so jern, aber: wat soll's. Isch wohn ümme Eck. Kommense.«

Bald sank ich in einen dieser schweren Sessel; geschmacklich ganz und gar im Stile meiner Mutter; überhaupt erinnerte mich viel an sie in der kleinen Wohnung. Es war kurz nach neunzehn Uhr. Ich schüttete Ilse Rübsteck mein Herz aus. Bad Neuenahrer Impressionen vom alten Nazi mit dem Karpfenmaul. Vom Fehltritt der Mutter und dem guten Freikartenjesus namens Eugen, der die Tickets einst an Judenkinder verteilt hatte wie die Fische. Kleine Fische, die ihn nichts kosteten.

Da saß ich nun, ich dreiundfünfzig Jahre altes Kind. Und sitz dort immer wieder. Wir sind mit unserer Beziehung ja mittlerweile im siebenten verflixten Jahr. Da, wo sich also andere Paare trennen, klappt es mit uns immer besser. Nun haben wir aber auch eine Fernbeziehung. Jeden Freitag rufe ich Ilse an. Immer, wenn die Sonne untergeht. Das ist zeitlich wichtig, wenn man sich »Gut Schabbes« wünscht. »Toda raba!« Man wünscht sich gegenseitig einen guten Sabbat. Ich lebe seit sechzig Jahren eine Welt ganz ohne Torarolle, ohne Leuchter, ohne Synagogengang und all die andern Rituale. Auch der Gesang des Kantors erreicht mich nicht.

In seiner Schönheit – ja, aber nicht in seiner Religiosität. Am Freitagabend jedoch, wenn die Sonne untergeht, werde ich minutenlang zu dem, der ich lebenslang nicht sein konnte, nicht sein durfte, weil Mutter es vergessen machen wollte – das gelebte Judentum. Gemordetes Judentum. Doch jeden Freitag bin ich fünf Minuten lang so jüdisch. Da spüre ich es – mein nicht gelebtes Leben.

Ilse hatte nie eine andere Wahl. Jüdin vom ersten Tage an bis zu ihrem letzten ... – hundert soll sie werden! Das ist ein frommer Wunsch, wie ihn Juden aussprechen, wenn sie über das Alter reden.

Ich war ein Kind, das durfte nie zum Juden sich bekennen.
Ich wiederhole mich?
Ich weiß.
Verderben Sie mir nicht die Götterspeise.
Und spucken Sie mir nicht auf diese Weise
in's Kompott.
Wir wiederholen uns doch alle
auf der Wiederholungsreise.
Im besten Falle endet das Remake
allein?
Oh nein.
Mit Gott.

Nennen Sie es Gottesfügung, Zufall, Schicksal, welchen Saal auch immer Ihrer Denkungsart Sie gern betreten oder verlassen mögen, um sich etwas Unerklärliches plausibel machen zu wollen. Ich habe jedenfalls bis heute keine plausible Erklärung dafür, dass ich vor sieben Jahren aus meiner »Ich-weiß-nicht-zu-wem-ich-gehöre-Tristesse« gerissen wurde. Von einer großen kleinen, alten Ilse. Ich gehe mit dem »Du« sehr sparsam um. Doch als Frau Rübsteck, nur wenige Tage nach unserer ersten Begegnung, auf meine Frage: »Was für ein Sternbild sind Sie eigentlich?«, antwortete: »Zwilling«, gab ich zur Antwort: »War meine Mutter auch; und als ich fragte: »Wann sind Sie geboren?«, und sie sagte: »Am 10. Juni« – »Meine Mutter auch …«, da stand sie auf, die kleine, alte Frau Rübsteck, hob ihre Arme in die Höh, wackelte mit dem Kopf und sagte: »Tja … Dann bin *ich* jetzt deine Mama.« Und unser »Du« war frisch geboren. Sie gehört zu mir. – Wie mein Kalender an der Tür. Und die 5773 Jahre sieht man uns doch wirklich nicht an. Dennoch hat Ilse Angst vor dem Verfall. Gewiss, putzmunter ist sie, aber um sie herum jedoch wird gesiecht und gestorben. Das Leben kommt – das Leben geht. Der Tod ist selten ein Ästhet. Ilse ist neunzig – hundert soll sie werden. Sag ich immer wie die Jidden. Und bin auch einer. Jeden Freitagabend. Wenn die Sonne untergeht. Da spüre ich sie … meine alten Väter. Dank einer Mutter, die nie eine sein durfte. Jüdin aber ist sie den ganzen Tag. Ich kann nicht immer Jude sein.

Darf ich Sie zur Witwe machen …?

… dieser Satz hört sich zunächst eher wie ein Kinonachfolger von »Ladykillers« an; irgend so eine englische Filmklamotte aus den Fünfzigern. Tatsächlich jedoch verbirgt sich hinter diesem Satz eine sehr gescheite Lebensweisheit der Mutter von Liselotte Vogel. (Frau Vogel ist die über achtzigjährige Ehefrau des mittlerweile pensionierten SPD-Politikers Hans-Jochen Vogel.)

In den sehr aufschlussreichen Memoiren der Frau Vogel unter dem Titel »Ich lebe weiter selbstbestimmt« zitiert sie ihre Mutter: »Die Männer sollten ihre Frauen zu Witwen erziehen!« Klingt auch erst mal merkwürdig dieser Satz, gewinnt aber an Glaubwürdigkeit, wenn man bedenkt, dass ab 1945 allzu viele deutsche Frauen in den Trümmern hilflos bis verzweifelt nicht mehr wussten, wie sie ein Leben »ohne Mann« bewältigen sollten. Vom bürokratischen Amtsgang (»Das hat doch immer mein Mann gemacht«) bis hin zur existenziellen Frage, wie man denn nun ohne den »Ernährer« die Familie ernähren solle. Liselotte Vogels Mutter hat auf jeden Fall nicht darauf gewartet, dass ein Wunder geschehen möge. Auch kam für sie nach dem Tod ihres Mannes eine neue Ehe nicht infrage. Wenn also eine so extrem selbstständige Frau wie besagte Mutter der Ehefrau von Hans-Jochen Vogel resümiert, dass die Männer ihre Frauen zu Witwen hätten erziehen sollen, kann ich heutzutage – in diesen Friedenszeiten, zumindest hier im europäischen Raum – uns älteren Herren nur eines empfehlen: erziehen wir doch unsere jungen Frauen rechtzeitig zu lebenslustigen Witwen! Das ist kein Witz, das ist mein voller Ernst. Ich sag Ihnen dann Bescheid, wenn ich wieder etwas als Humorist meine.

Stirbt ein Ehemann zu früh und die Frau ist noch jung und gebärfähig beschäftigen sich die Psychologen in diesem Zusammenhang mit der Geschichte der Witwe von Ephesus aus dem *Satyricon* von Petronius. Die junge Witwe, die gerade ihren ebenfalls jungen Mann hatte zu Grabe tragen müssen, trifft auf ihrem Rückweg auf einen jungen Römer; dieser, sehr wohl sehend, dass die Frau in Trauer ist, nimmt sie – nicht zur Frau –, er nimmt sie sexuell. Als Vergewaltigung geht es nicht vonstatten – denn ein plumper Vergewaltigungsakt ist nicht das, was man unter diesem Ephesus-Komplex versteht: die trauernde Frau, zutiefst verunsichert, ob sie je wieder das normale Leben einer Liebenden, Empfangenden leben kann, lässt, nach anfänglichem Zögern, dann letzten Endes den Verführungsakt zu! Wagt ein neues Leben. Diese Geschichte könnte Shakespeare eventuell inspiriert haben; denn eine der schwierigsten, ja vielleicht kompliziertesten Liebesszenen der Theaterliteratur ist die zweite Szene im ersten Akt in »Richard III.« Lady Ann lässt sich sexuell auf den Mörder ihres Mannes ein. Auf Richard. Mitten auf dem Friedhof. Mit Nekrophilie hat das nichts zu tun. Hier geht es so unmoralisch wie lebendig zu. Nein, hier geht es ganz knallhart um sex and the city. Lady Ann ist jung, Richard ist alt und berechnend. Später lässt er die Frau umbringen. Hier bewahrheitet sich mal wieder die alte Songzeile aus »Kiss me, Kate«: »Schlag nach bei Shakespeare ... Und die Frauen sind hin!«

Liebe im Alter

Wer den Oscar-nominierten Film »Liebe« mit Jean-Louis Trintignant und Emmanuelle Riva gesehen hat, und das ist ja nun auch schon wieder einige Zeit her, wird so manche Szene daraus wohl länger mit sich herumtragen. Wenn es nicht alle paar Jahre mal wieder so ein Werk wie »Liebe« von Michael Haneke geben würde, gäbe es auf der Leinwand ja nur noch junge Leute. Ich liebe junge Leute. Aber sie altern mir zu schnell. Das hat beim Fernsehen allerdings den Vorteil, dass sie schon in ganz jungen Jahren Rechtsanwälte, Chirurgen und Oberförster werden können. Das Fernsehen hält sich gewissermaßen besetzungstechnisch an die Managementpolitik amerikanischer Hotelketten. Je jünger, desto billiger. Wurde ich in den 70er-Jahren, während meiner Drehzeit für *disco* noch von grauhaarigen Rezeptionisten in Livree begrüßt, Gentlemen, international brauchbar, die jederzeit auch als Vater von Cary Grant besetzungstechnisch durchgegangen wären; heutzutage sind diese grau melierten Herren mittlerweile entweder tot oder pensioniert, außerdem kenne ich, als ewiger Hotelmensch, ein paar Generaldirektoren, die in der Blüte ihres Hotelwesens vorzeitig entlassen worden sind. Als sie um die fünfzig waren. Aus reiner Kinderfreundlichkeit der Hotelkonzerne. Pickelgesichter übernahmen die Jobs. In voller Spätpubertät und zum halben Preis.

Neulich entdeckte ich einen recht kurzen, jungen Knaben hinter dem Tresen eines Grandhotels. Kaum in Tischhöhe, gab er sich mir als neuer Chefportier zu erkennen. Und ich dachte so bei mir – und wer ist hier die Generaldirektorin? Pippi Langstrumpf? Aber diese Dame altert ja nie, die kleine, freche Rote mit den Strapsen. Was wirklich zusehends altert, sind die Protagonisten und Sympathieträger von Jugendprodukten und Kindershows. Neulich sah ich Kolja zuliebe mal wieder so eine Sendung auf einem Kinderkanal; als der etwas dickliche junge Mann mit der falsch aufgesetzten Mütze (was heutzutage nur noch Frührentner so tragen, um von der Verwelkung abzulenken) die Fingerchen in der Luft mit eckigen Bewegungen hip-hoppelnd Wortfetzen zum Besten gab, sagte Kolja: »Du, der hat sogar schon ein Kind.« Ich dachte – was heißt hier »sogar«?! Warum soll ein vierzigjähriger Mann mit einer Kindersendung nicht auch mal ein Kind produzieren. Da kommt doch ein Format zum anderen. Fragt sich nur, ob er selbst welches hat. Was ich da allerdings gerade im Fernsehen sah, hatte keins.

Nun kam Anna in den Raum. »Den kenn ich, der war mal Sänger in so 'ner Band bei uns in unserer kleinen Stadt. Vor zehn Jahren circa. Um Gottes willen, wie alt ist der denn heute …« Dieses »Um Gottes willen« war nicht menschenrassistisch oder altersfeindlich gedacht. Immerhin lebt Anna mit einem älteren Herren zusammen, aber ich moderiere keine Kindersendungen. Und trage keine Tarnkappe der Frühvergreisung andersherum. Aber der Rahmen, diese ganzen Schwärme von kleinen Kindern, und mittendrin der moppelige Papi; das war schon ein recht alberner Anblick. Während er da also immer wieder in die Luft sprang wie Hans Rosenthal in seinen besten Jahren, als er »Spitze« rief, aber Hänschen kaschierte nie sein Alter und war auch nie von Jugendwahn geprägt, tat dieser Herr das eher wie so ein Weißer, der unbedingt gern schwarz sein möchte. Merken Sie was? Ich habe brav den Begriff »Neger« vermieden. Das sind die Folgen eines extremen Schacherns mit dem Verlag um den Neger schlechthin. Ein paar von ihnen haben ja in meinem Gedicht auf den ersten Seiten noch eine Aufenthaltsgenehmigung bekommen. Wie lange noch? Schon durch eine nächste Auflage könnten sie ihr Exil in meinem Gedicht verlieren. Man hat ja gesehen, was aus Otfried Preußlers Geschichten wurde.

»Zehn kleine Negerlein« zog man aus dem Versteck. Der Preußler tot, die Tochter lebt, schon warn die Neger weg. Ach herrje, jetzt habe ich ja das böse Wort schon wieder gesagt. Ich will's auch nie wieder, nie wieder wiederholen! Ein Druckfehler? Nein, ein Hintertürchen: der Satz bedeutet ja klipp und klar, dass ich mir nicht gerne diktieren lasse, was anständig ist und grundauf demokratisch. Aber wenn wir schon bei dem hübschen Wörtchen »nie« sind. Ich werde nie wieder heiraten. Und wenn überhaupt, dann nur, wenn diesmal Anna mir einen Antrag macht!

Ich kann nicht immer sechzig sein,
sag niemals »nie«!
Denn schau:
Ich bin kein Kurt Tucholsky.
Und der schrieb einst:
»Ich bin doch auch nur eine Frau!«

Ein solches Originalzitat jenes berlinisch-charmanten Mannes, der durchaus auch einen Zug von Macho in sich trug, hatte wohl genau erkannt: das Feminine in uns Männern, wenn man es nur zugibt, zulässt und vielleicht sogar ein bisschen mit ihm spielt, verstehen die Frauen sehr gut. Letzten Endes bleibt ja immer etwas Fremdheit zwischen Mann und Frau. Neil Simon, amerikanischer Theaterautor, schrieb in einem seiner Stücke einen Satz, der mittlerweile als Redensart schon volksmündlichen Charakter hat: »Männer und Frauen passen einfach nicht zusammen.« (Kann aber auch sein, dass er diesen Gedanken von George Bernard Shaw abgekupfert hat. That's Shaw-Business, gang und gäbe am Broadway.) Eines seiner erfolgreichsten Stücke hieß ja dann auch prompt in den Sechzigerjahren: »Ein seltsames Paar«. Denn was die beiden da in der Männerwirtschaft treiben, treiben sie ja nicht, weil sie Lust auf ein Zusammenleben mit einem Mann haben, sondern als

Liebe im Alter

Notgemeinschaft. Nicht mehr ganz jung, wollen sie natürlich etwas Junges. Die alten Geliebten sind ihnen nicht mehr jung genug. Und so kommt es im täglichen Leben – fern der Komödie – dazu, dass bräsig-dicke, alte Männer in ihrer ganzen Hässlichkeit nicht selten über Frauen, die verwelken, sagen: »Mein Gott, ist die alt geworden!«

Da saßen wir nun in der kleinen Bar, Anna und ich. Es war spät. Als wir die Bar verließen, hatten wir, wie immer, das hübsche Spiel parat: Gehen wir zu dir oder zu mir!?! Und dann sagen wir immer, als Ritual gemeinsam einen alten Fatzke parodierend: »Vergiss es. Wenn wir hier erst noch diskutieren müssen!« Worauf wir dann ganz einfach gehen: entweder zu mir oder zu ihr. Bis dass der Tod uns scheidet oder uns vielleicht doch irgendwann ein gemeinsames Ja-Wort dieses »Zu mir oder zu dir?« erspart. Egal – es war an diesem Abend, wie es noch immer ist.

In dieser Nacht
liebte ich Anna nicht
wie Trintignant
die Riva liebt;
Ich liebe Anna ungetrübt
und nicht als Liebesabgesang.
Mehr so mit Richtung zum Balkon;
und hoff,
mein kleiner grüner Kaktus
ist noch nicht
… das Ende vom Chanson.

Blick zurück nach vorn

Wie habe ich das bloß geschafft? Mir haben die Siebziger in den Siebzigern gar nicht so gut gefallen. Mit sechzig gefallen sie mir viel besser. Sowohl die einstigen als auch die mir hoffentlich noch bevorstehenden. Schließlich hoffen wir alle. Stimmt's? Wie sagte ein sich pessimistisch gebender Kabarettist in einer Ausgabe von »Neues aus der Anstalt«: »Jaja, die Hoffnung stirbt zuletzt. Aber sie stirbt.«

Ich bin ja eher ein Zweckoptimist. Für blinden Pessimismus bin ich zu gut gelaunt und für blindwütigen Optimismus nicht dämlich genug. Wenn ich so nach vorn zurückblicke, frage ich mich allerdings, als ehemaliger ZDF-Anstaltszögling:

Wie habe ich das bloß geschafft? Damals, in den angeblich Goldenen Seventies; die ungefähr so golden waren wie die Zwanziger. Die mündeten in ein faschistisches Chaos. Und die Siebziger? In einen kohlschen Stillstand. Dann kam der Mauerfall. Und Kohl machte sein Glück als Gärtner. Sie wissen schon: Projekt »Blühende Landschaften«. Ich aber, so nach vorn zurückblickend, frage mich ernsthaft, aus der Sicht des damaligen Jungkomikers: Wie hab ich das alles geschafft? Ohne Loriot wären wir doch gestorben. Gott hab ihn selig.

Leider wird man auch vom großen Publikum immer wieder in die Rolle gedrängt, in der man seine ersten Erfolge hatte. Und bei mir waren es *disco* und »Die tollen Tanten«. »Das Publikum ist wie Mama«, hat Martenstein ganz allgemein und doch speziell an mich denkend gesagt. »Es ist wie Mama. Es will nicht, dass man erwachsen wird.« Ich weiß ja nicht, liebe Zeitgenossen meiner Generation, wie Sie mit dem drohenden neuen Jahrzehnt umgehen.

Lassen Sie es einfach gelassen angehen. Kein Jahrzehnt droht Ihnen, wenn Sie nicht dreinschauen wie 's Schwalberl, wenn's donnert. Ich habe schon recht früh mit der Bereitschaft zu altern begonnen. Das ist die reinste Frischzellenkur, sage ich Ihnen. Nicht zufällig ließ ich mich auf das Spiel mit der Zeit in einem Theaterstück aus meiner Feder ein, in dem ich mich, mit knapp sechsundvierzig, in ein Altersheim einschrieb. Um Mama näher zu sein. Die leibhaftige war zu diesem Zeitpunkt schon tot. Helen Vita spielte diesen Part. In meinem Stück ist die Mutter darüber sauer, dass der erwachsene Sohn nicht im Matrosenanzug im Altersheim erschienen ist. Darauf er: »Weißt du, Mama, mit vierzig wird die berufliche Situation für einen Kinderdarsteller langsam enger!« Am Ende ist er reif für's Altersheim. Mit vierzig.

Mir gefiel allein aus theatralischen Gründen die Grundidee: ein Herr in den besten Jahren im Altersheim unter Siebzigjährigen aufwärts. Nun bin ich sechzig und frage mich ganz andere Dinge; zum Beispiel, ob ich, wenn ich nicht mehr sechzig bin, über den Asphalt schlurfe und irgendjemand sagen könnte:

»Siehst Du da den alten Mann mit ausgetretnen Schuhn
schlurft er über's Pflaster und sieht so müde aus …
Manchmal hält er an,
nicht nur, um sich auszuruhn,
denn er hat kein Ziel
und nirgends ein Zuhaus.«

Dieser Siebzigerjahre-Hit klingt wie ein Kurzportrait über Underdogs bis hin zu Oscar Wilde. Sein Geistesreichtum hatte ihn im Pariser Exil nicht vor Altersarmut geschützt. Der König aller Londoner Dandys, immer elegant gekleidet und über jede Intrige erhaben, bis er im Gefängnis landete; auch er kam irgendwann mit geistreichen Bonmots nicht mehr weiter. Aber wir sind ja nicht

Oscar Wilde ... und in Paris werden wir auch nicht landen. Wie er. Wir landen höchstens, grausam genug, in irgendwelchen Zimmerchen von Altersheimen, getarnt als Seniorenresidenz.

Oscar Wilde: »Die Seele ist alt geboren und wird jung. Das ist die Komödie des Lebens. Der Körper ist jung geboren und wird alt. Das ist die Tragödie des Lebens.«

Ich sage – es wäre schön, wenn es andersrum wäre: man würde alt geboren und würde als Orgasmus sterben.

Fazit

Ich bin dafür, mich ab sechzig aufwärts nicht gleich für's Probeliegen im Sarg zu entscheiden, um den Aufpreis für mehr Bequemlichkeit zu erfühlen. Das überlasse ich den Veranstaltern meines Begräbnisses. Ich hoffe, es wird gut besucht sein, und es darf gelacht werden.

Bis dahin aber wird erst mal gelebt, und das so lebendig, wie es mein Restposten Zeit zulässt. Kinderwünsche? Können durchaus erfüllt werden, solange man nicht als älterer Mann beim Potenzwettbewerb auf den Fritz-Wepper-Cup der guten Hoffnung schielt. »Dein ist mein ganzes Herz« zu singen – bei zwei bis drei Bypässen –, passt auch nur bedingt. (By the way – Fritz und ich haben noch keinen!)

Hingegen: »Du bist nicht die Erste, du musst schon verzeihn, aber meine Letzte, die könntest du sein.« Wenn man keine Dummheiten macht. Und nicht jeder schmettert auf seine späten Tage der jungen Schönen so gekonnt entgegen wie ein Ulrich Tukur oder der Max Raabe. Wir sind einfach liebende Normalverbraucher und keine Genies, die ihre Verluste in Lyrik oder Kompositionen umsetzen.

Als Goethe mit einundachtzig auf Freiersfüßen eine Absage von Ulrike von Levetzow erhielt, hat er sich mit der »Marienbader Elegie« abreagiert.

Wir vom Olymp nicht registrierten Kinder bleiben einfach nach einer solchen Absage hochbetagt und völlig ohne Lyrik zurück. Das heißt, wir müssen auf Literatur anderer zurückgreifen. Ergriffen, wie wir von unserem Selbstmitleid dann eventuell sind, darf's auch mal Rilke sein. Der weit von Wüstenrotplänen Unbehauste war niemals mit dem Bau eines Hauses beschäftigt: »Wer jetzt kein Haus hat, baut sich keines mehr«, klingt schon sehr herbstlich, als er verhältnismäßig jung verstirbt. Aber schöne Gedichte hat er hinterlassen.

Und ich möchte es mal so ausdrücken:

Langsam werde ich unsichtbar

Langsam werde ich unsichtbar.
Wunderbar –
wie das 68er-Ehepaar
mir vis à vis keine Einigung
darüber
erzielt, ob denn nun eine Legende
der Albernheit
grad ihre Beinfreiheit etwas
beschränkt,
denn wir sitzen, müssen Sie wissen,
im ICE.
Unappetitlicher Weißdarm!
Eiserner!
Gestern noch voll Dampf und heute
so ganz
ohne Charme, uns im Innern wie Maden
im Speck
in die nächstbeste Zukunft ausliefernd.
Währenddessen
lässt nun das 68er Ehepaar
lästernd
mir vis à vis Entgleisungen
ab;
als wäre ich taubstumm und blind.
Oder was?
»Nie im Leben, Schatz, isser das!
Erlaube!
So dick. So alt. So blass.
Nie und nimmer!«
Und immer im Blick

Mich!
Aber sich?
Eher nich'!
Ganz verlebt ihre Züge
nach nirgendwo.
Irgendwo
Nostalgiker.
Also Buch-Neuralgiker.
Kindlich.
Empfindlich
gegen das,
was jetzt ist.
Aber immer empfänglich
und das lebenslänglich
für alles, was war.

»*Nie im Leben, Schatz, isser das!*
Erlaube!
So dick, so alt, so blass ...«

Da gibt es kein Wenn,
nur ein Abba
und das Jahr für Jahr.

Langsam werde ich unsichtbar.

Quellenangaben

»Die Stunde, da wir nichts voneinander wussten«: Theaterstück von Peter Handke, Suhrkamp Verlag

Neil-Young-Interview: Süddeutsche Zeitung, SZ-Magazin, 03.06.2012

Kurt Tucholsky; Gesammelte Werke in 10 Bänden, herausgegeben von Mary Gerold-Tucholsky und Prof. Fritz J. Raddatz, Reinbek bei Hamburg 1975

Sämtliche verwendeten Zitate Georg Kreislers aus dem Nachlass, verwaltet von Barbara Peters-Kreisler

Nachwort und Dank

Bei so viel Gedankengut über Leben und Endlichkeit und meiner Freude am Zitieren sowohl Lebender als auch Toter geht mein Dank zunächst an meine liebe Freundin Anja Hauptmann. Sie schenkte mir unter anderem ein Zitat ihres Großvaters Gerhart Hauptmann. Aber auch Kollegin Doris Wolters half mir weiter. Ebenso mein alter Wegbegleiter Volker Kühn, der politisch, literarisch und privat immer ein Ohr für mich hat. Danke. Dies gilt auch für Dr. Gerwig Epkes, Literaturfachmann, ein ewiger Quell, aus dem ich immer wieder gern schöpfe. Mein Freund Peter Nagel war für mich wegen unser beider Älterwerden mit später Vaterschaft ein wichtiger Anstoß, dieses, vorwiegend doch heitere, Buch schreiben zu wollen.

Einfluss nahmen viele, Lebende wie Tote. Sie waren und sind mir immer behilflich. Weit über ein Buch hinaus kann man mit den guten Gedanken wunderbarer Menschen die Endlichkeit doch viel eher ertragen. Meine Heimat liegt in der Bewegung. Menschen wie Tucholsky, Kreisler oder Heine als geistiges Gepäck mit sich zu führen, ist keine Belastung – Erleichterung ist es, denn »Schwer ist leicht was« – sagte Ottfried Fischer. Recht hat er. Von allen diesen guten Geistern mich nie verlassen fühlend, danke ich ihnen unter dem gern von mir zitierten Motto von Wolfgang Neuss: »Es kommt nichts weg.«

Birgit Sander ein Wort des Dankes für die Idee, dieses Buch von mir lesen zu wollen. Ich müsse es ja »nur noch« schreiben. Inspirierende Gedanken hinterließ auch meine Literaturagentin Karin Graf. Ich grüße Elke Heidenreich, die autorisch schon nicht mehr mit mir rechnete. Harald Martenstein sei freundlichst gedankt für seine Inspirationen über den »Nachruf-Journalismus«.

Zum Schluss meinen besonderen Dank der guten Freundin, geduldigen Zuhörerin und unbezahlbaren Mitarbeiterin Ute Borghoff – ohne sie wäre gar nichts gegangen.

Lesen Sie wohl! Bis zum nächsten Buch!

Ihr Ilja Richter

Inhaltsverzeichnis

Vorwort 9
»60 Jahre und kein bisschen weise« 14
Du kannst nicht immer hundert werden! Aber will man das? 19
Der Ewigkeit verschrieben 26
Rat an ältere Herren mit viel zu jungen Damen............................. 30
Der alte Komiker und die junge Griechin 33
Anleitung zum Lieben älterer Herrn für junge Damen.................. 37
Ach, du lieber Augustinus – ich tu, was ich will! 43
Muttersöhne küsst man nicht 45
Anhand von Opa.. 48
Ich kann Demenz! 51
Abschied 60
Auf der Suche nach dem verlorenen Vater 63
Wenn alte Männer Tiefe mit Schwere verwechseln 75
»Papa, warst du mal ein Gottschalk?«... 84
Mein Sohn und der Kaiser... 88
»Papa, was ist DISCO?« 93
»... Papa, was war DISCO ...
    ... als du in dem Jahr 50 wurdest?«, fragt mein Sohn................ 96
Sprung in die Achtziger:
    Anno '82 – Ich wollt' nicht immer »DISCO« sein 99
Ode an alte Väter... 106
Mein Testament als Kinovorspann 108
Kleine Geschichte (aus einer versunkenen Welt) 112
Schreiben Sie sich eine Grabrede! 115
Kaufen Sie sich 'nen Grabstein – JETZT! 119

Die schönsten Nachrufe auf mein Leben	123
Mein Gott, Alter!	130
Unser nicht gelebtes Leben	132
Wenn alte Männer flügge werden	136
Das wahre Altern und die Ware des Alterns	137
Ohne Schall und Rauch	142
Altern mit einem Lächeln	144
Galerie der alten Herren	150
Ein Engländer und Gentleman	164
Du kannst nicht immer komisch sein	168
Monsieur Ibrahim und ich	176
Ungleiche Paare	182
Alle Menschen werden prüder	185
Das Wunder von Kassel	196
Meine Offenbarung	198
60 Jahre und ein bisschen schwanger	201
Alter Vater am Rande des Nervenzusammenbruchs	203
Kolja lebt!	205
Blick zurück: Alte Väter	209
Der schönste Tag in meinem Leben	212
Endlichkeit als Schlusskapitel	215
Sex im Alter?	220
Noch ein seltsames Paar	223
Darf ich Sie zur Witwe machen …?	230
Liebe im Alter	232
Blick zurück nach vorn	236
Fazit	239
Quellenangaben	243
Nachwort und Dank	244